성경의 형성사

성경의 형성사

박창환

대한기독교서회

성경의 형성사

1969년 2월 1일 초판 1쇄
1997년 7월 20일 개정1판 1쇄
2024년 9월 10일 개정2판 1쇄

지은이 박창환
펴낸이 서진한
펴낸곳 대한기독교서회

등록 1967년 8월 26일 제1967-000002호
주소 서울특별시 강남구 테헤란로103길 14(삼성동)
전화 출판국 (02) 553-0873~4, 영업국 (02) 553-3343
팩스 출판국 (02) 3453-1639, 영업국 (02) 555-7721
e-mail editor@clsk.org
https://www.clsk.org
facebook.com/clskbooks
instagram.com/clsk1890

책번호 2388
ISBN 978-89-511-2158-6 03230

The Christian Literature Society of Korea, Seoul
Printed in Korea

* 책값은 뒤표지에 있습니다.

| 들어가며 |

대부분의 그리스도인이 성서를 사랑하고 존중히 여기겠지만 한국의 그리스도인은 특히나 그러하다. 짧은 역사를 가진 한국 선교가 놀랍도록 급성장한 이유 중 하나는 성서를 열심히 읽고 공부했기 때문일 것이다. 이렇게 한국교회와 그리스도인들이 성서를 존중히 여기고 읽기를 힘쓰며 연구하는 것은 두말할 것 없이 좋은 일이자 복받을 만한 일이다. 그러나 성서를 중심에 두고 성서의 말씀에 따라 산다고 하는 한국교회가 실제로는 성서의 정신과 어긋나는 삶을 사는 것은 어찌된 영문일까? 거기에는 몇 가지 이유가 있으리라고 생각한다.

첫째로, 한국교회는 성서 읽기 자체에 어떠한 가치가 있는 것처럼 가르친다. 다시 말해 말씀을 제대로 이해하지 못해도 무조건 많이 읽기만 하면 그 자체로 대단하다고 생각하는 경향이 있다. 많은 그리스도인이 성서는 하나님의 말씀이요 경전이기 때문에 의무적으로 읽어야 하고, 그렇게 하면 신자로서의 생활에서 중요한 부분을 완수했다고 생각하는 것 같다. 이는 그리스도인들로 하여금 하나님 앞에서 그날 해야 할 일 중 하나를 마쳤다는 생각에 평안한 마음을 갖게 하고 그저 피상적인 성서 이해에 머물게 한다. 성서를 많이 읽는 데에만 목적을 두기 때문에 말씀의 깊은 뜻을 이해하지 못한 채 어느 책에 무슨 말씀이 있고 어느 인물이 어디서 무엇을 했다는 정도의 내용만 기억할 뿐이다. 이러한 표면적인 성서 지식만으로는 삶이 변화되기 어렵다.

둘째로, 성서를 읽기는 하지만 올바른 성서관을 갖고 있지 못하기에 여러 기이한 현상이 빚어진다. 생명의 양식이 되어야 할 성서가 오히려 그릇된 생각과 생활을 조장하는 역효과를 내는 것이다. 어느 가정에 여러 종류의 약이 든 상자가 있다고 하자. 증상에 따라 적절한 약을 써야 병을 치료할 수 있을 텐데 만약 아무 약이든 마구 사용한다면 어떻게 될까? 구약(舊約)과 신약(新約)으로 구성된 성서를 읽으면서 그 참뜻과 작용과 성분을 제대로 파악하지 못한 채 마음대로 해석하고 무작위로 적용한다면 하나님의 뜻과 전혀 다른 결과의 부작용이 나타나게 될 것이다. 성서를 이루는 66권의 책은 저자가 다르고 기록된 연대와 환경도 모두 다른 일종의 총서(叢書)라고 할 수 있다. 그러므로 성서를 평면적으로만 관찰한다면 성서가 지닌 모습 전체를 봤다고 할 수 없다.

성서는 입체성을 가지고 있기에 여러 차원에서 관찰하고 판단해야 올바른 지식을 얻을 수 있다. 오늘날까지 많은 그리스도인이 이러한 점을 간과한 채 성구를 일차원적으로 읽고 귀에 걸면 귀걸이, 코에 걸면 코걸이라는 식으로 제각기 판단하며 적용한 탓에 교회는 물론 사회에까지 혼란을 가져다주고 말았다. 한국교회는 하나님의 말씀인 성서를 존중하고 사랑하지만, 그만큼 바르게 성서를 이해하고 적용하는지에 대해서는 아쉬운 점이 많다.

셋째로, 이러한 현상은 교회 지도자들이 마치 한 가지 약으로 만병을 통치(通治)하려 드는 의사처럼 깊은 성서신학적 연구 없이 개인의 해석과 처방만 가지고 교회를 지도해온 데에서 비롯된 것이기도 하다. 2,000-3,000년 전에 기록된 성서는 당시 특정 환경에 있던 특정 독자에게 이해되는 언어와 내용으로 구성되어 있다. 그러므로 시간적으로나 공간적으로 멀리 떨어져 있는 우리가 성서를 읽을 때에는 먼저 역사적인 해석을 해야 한다. 동시에 성서는 단순히 사람의 글이 아니라 하나님께서 사람을 통해 주신 하나님의 말씀이므로 표면적인 사람의 글에 내포된 하나님의 말씀을 찾아내는 작업도 병행해야 한다. 이처럼 복잡하고 어려운 작업을 수행할 때, 그리고 그 말씀을 따르려는 신앙적 태도를 가질 때 비로소 그 말씀이 독자의 삶에 활발히 작용하는 것이다. 이러한 작업은 결코 쉽지 않으며 평신도가 감당하기에는 무리가 있다. 성서를 사랑하는 한국교회가 성서의 정신대로 살지 못하고 오히려 사회의 빈축을 사고 있다면 그 책임은 성서를 제대로 해석하고 한국교회에 올바른 가르침을 전해야 할 목회자와 신학자에게 있다고 느낀다.

필자는 이러한 상황에서 한국 그리스도인이 성서를 좀 더 정확하게 그리고 사실 그대로 이해할 수 있도록 성서가 역사적으로 어떤 경로를 통해 기록되었는지, 어떻게 정경(正經)으로 수집되고 마침내 우리 손에 들어오게 되었는지 등을 객관적으로 기술하려고 한다. 우리는 사실을 정확히 알아감으로써 여러 혼란을 피할 수 있다. 교회의 신앙도 사회의 전통과 마찬가지로 해를 거듭할수록 이끼가 끼고 이물질이 묻어 그 원형이 희미해지거나 아주 가려져 알아보기 힘든 정도에 이르기도 한다. 교회의 긴 전통을 살펴보면 성서에 관한 우리의 신앙도 여러 의견이 잡다하게 첨가되어 마침내 완전히 다른 모습을 갖게 되었음을 알 수 있다.

많은 사람이 나름의 방식으로 성서를 관찰하고 제각기 다른 해석을 내린다. 그 결과 사람을 살리고 인간의 신앙과 행위에 유일한 규범이 되어야 할 거룩한 하나님의 말씀이 도리어 교회 분쟁과 분열의 원인이 되고 있으니 이 얼마나 한심한 일인가! 이는 성서를 해석할 때 객관적인 연구로 올바른 결론을 도출하기 위해 애쓰기보다 기성 교회의 안경을 끼고 성서를 주관적으로 해석하며 적용했기에 빚어진 혼란일 것이다.

이 책은 성서가 어떻게 기록되고 수집되고 정경으로 채택되었는지, 어떠한 경로를 거쳐 우리 손에 전달되었는지 등에 관한 역사적 사실과 성서학자들의 보편적 견해를 쉽게 소개함으로써 독자들이 잘못된 선입견과 주관에서 벗어나 하나님의 말씀을 좀 더 명확하게 들으며 일상에서 순종의 삶을 살아가도록 돕기 위해 썼다.

성서는 분명 하나님의 말씀이다. 그러나 완성된 형태로 하늘에서 뚝 떨어졌거나 하나님께서 천편일률적으로 받아 적게 하신 것이 아니다. 다른 책과 마찬가지로 사람이 사람의 문서로 쓴 것이다. 그렇다면 어떻게 해서 사람이 쓴 그 많은 책 중 하필 66권이 성서로 수집되어 그리스도교의 경전이 되고 하나님의 말씀으로 받아들여졌을까? 이 질문에 대한 해답을 제시해보려는 것도 이 책의 목적이라 할 수 있다.

차 례

1 하나님은 사람에게 어떻게 말씀하셨는가

역사는 역사로, 시는 시로,
비유는 비유로, 격언은 격언으로,
소설은 소설로, 희곡은 희곡으로,
신화는 신화로 각각 분류하여
저마다 적절한 해석법에 따라서 해석할 때
그 계시의 참뜻을 바로 깨닫게 된다.

히브리서 1:1-2에는 "옛적에 선지자들을 통하여 여러 부분과 여러 모양으로 우리 조상들에게 말씀하신 하나님이 이 모든 날 마지막에는 아들을 통하여 우리에게 말씀하셨으니"라고 기록되어 있다. 히브리서 기자는 하나님께서 '여러 부분'과 '여러 모양'으로 사람에게 말씀하셨다고 생각한 것이다.

먼저 생각해야 할 점은 하나님께서 '말씀하신다는 것'이다. 하나님께 사람처럼 입이 있고, 하나님께서 어떤 특정 언어를 구사하셔서 사람이 입을 열어 말하는 것처럼 말씀하셨다는 것일까? 그렇지 않다. 물론 성서를 보면 하나님의 직접적인 음성이 나타난 곳을 여러 군데에서 발견할 수 있다. 이사야와 사무엘이 하나님의 음성을 들었고, 예수도 세례를 받거나 변화산에 올랐을 때 그분의 음성을 들었다. 하지만 이처럼 하나님의 직접적인 음성이 나타난 일은 성서에서 지극히 일부에 불과하며 나머지는 그런 종류의 하나님 말씀이 아니었다. 실은 이사야가 들은 말씀(이것은 히브리어로 들렸을 것이다.)이나 예수와 세례 요한이 들은 말씀(이것은 아람어로 들렸을 것이다.)도 하나님의 성대가 진동하여 나온 말씀은 아니다. 이것 역시 하나님께서 사람에게 말씀하시는 방법 가운데 하나로, 그분이 뜻을 계시하고자 사람이 이해할 수 있는 언어로 바꿔 들려주신 것이다.

우리는 흔히 하나님께서 이처럼 사람의 언어를 통해 직접 말씀하시거나 예언자들과 사도들에게 말로 들려주신 것이 성서라고 생각하는데, 그렇다면 '여러 부분'과 '여러 모양'으로 말씀하셨다는 것은 무슨 의미일까?

하나님은 사람에게 말씀하시되 사람이 알아들을 수 있는 방법으로 하셨다. 하나님은 영이시기에 하나님의 차원에서 말씀하신다면 사람은 도저히 알아들을 수 없을 것이다. 3차원의 세상에서도 나라가 다르고 언어가 다르면 사람간에도 의사소통이 쉽지 않은데, 하물며 존재의 차원이 다르고 간격이 무한한 하나님과 인간 사이는 말할 것도 없다. 그러하기에 하나님은 그분의 신령한 뜻을 역사화하는 일을 하셔야만 했다. 인간이 보고 듣고 만지고 느끼고 깨달을 수 있는 여러 형태로 구체화하실 수밖에 없던 것이다.

사람 내면에 들어 있는 생각이나 사상은 행동으로 드러나거나, 말로 설명되거나, 언어로 기록될 때, 즉 어떤 방법으로든지 구체화하여 표현되어야만 비로소 전달된다. 더욱이 신령한 고차원에 계신 하나님의 뜻이 사람에게 전달되기 위해서는 여러 부분과 여러 모양으로 인간 역사의 수준까지 내려오셔서 구체화하여 인간에게 말씀하셔야 했다. 그것이 유일한 방법이었기 때문이다. 초월자이신 하나님, 거룩하신 하나님, 절대자이신 하나님께서 악하고 어리석고 상대적인 인간에게 당신의 뜻을 전달하시려고 인간이 이해할 수 있는 방법 곧 역사화의 방법을 채택하셨다는 말이다. 하나님의 아들이 사람의 몸을 입고 오신 사건, 즉 말씀(로고스)이 인간의 육신을 입으신 사건만 하나님의 역사화 작업이 아니라, 성서로 주신 말씀 역시 역사화한 하나님의 말씀이라고 해야 할 것이다.

역사를 통한 하나님의 말씀은 또 여러 가지 모양으로 분류될 수 있다. 사람이 자기 의사를 전달하는 데에 다양한 방법을 사용하는 것처럼, 하나님께서도 역사를 통하여 말씀을 전달하실 때 여러 방법을 사용하신다. 하나님은 우선 역사 속에서 사건들을 일으키셨다. 생겨나고, 없어지고, 변하고, 움직이는 우주 만물 어느 하나인들 하나님의 섭리에 의하지 않은 것이 없지만, 하나님께서는 특별한 말씀을 인간에게 주심으로써 역사적 사건들을 일으키셨다.

어떤 아버지가 아침마다 빗자루를 들고 집 앞뒤 마당과 길을 쓸며 청소한다고 하자. 묵묵히 이런 일을 하는 아버지의 행동은 그의 자녀들에게 무언의 교훈이 되며, 이는 곧 행동을 통한 말이 된다. 하나님께서 아브라함을 택하시고, 그를 가나안으로 이주(移住)하게 하시고, 그의 후손을 선민으로 삼아 인도하신 긴 역사의 토막토막은 인간에게 주시는 하나님의 극적인 말씀이며 그분의 뜻을 잘 보여준다. 아니, 그러한 목적으로 쓰기 위하여 하나님께서 택하신 인간 역사의 부분이라고 말할 수 있다. 연극이나 영화에서 작가의 의도를 깨닫고 배우는 것처럼 우리는 하나님께서 일으키고 간섭하신 사건 하나하나에서 하나님의 마음과 뜻을 깨닫고 배우게 된다.

인간 역사의 주역(主役)은 대개 사람이다. 그러므로 하나님께서 역사 속에 일으키시는 사건들에서 가장 중요한 부분은 사람을 택하여 그들의 생활과 말을 통해 역사하신다는 점이다. 모세, 여호수아, 사무엘, 다윗과 같은 영도자, 제사장, 왕을 택하여 그들의 역사를 통해 종교생활, 도덕생활, 국가생활 등의 규범을 말씀하셨다. 특히 예언자들을 통하여 역사를 해석하게 하시고, 하나님의 뜻을 받아서 사람의 말로 전달하게 함으로써 타락한 백성을 각성시키며, 절망에 빠져 있는 백성에게 희망을 북돋아주셨다.

하나님의 뜻이 예언자들에게 신비스럽게 전해졌을 때 예언자들은 그것을 당시의 백성들이 알아들을 수 있는 언어와 기호로 전달해야만 했다. 이를테면 불가사의하고 초자연적인 어떤 방법을 통해 받은 하나님의 말씀을, 그때그때 역사적이고 자연적인 말로 바꾸어 사람들이 알아들을 수 있게 전달해야 하는 것이다. 하나님의 감동을 받아 예언자로서 소명을 받은 그들은 자신이 하나님의 사람이라는 자각과 확신을 가지고 모든 사건을 진단하고 분석했고, 하나님을 대신하여 때로는 백성을 견책하고, 때로는 옹호하며, 때로는 위로하였다.

하나님은 예언자들을 통하여 말씀하실 뿐 아니라 시인과 지혜자를 통해서도 말씀하셨다. 예리한 감각과 통찰력을 가진 사람들에게 하나님과 인간 사이의 여러 관계를 시적으로 아름답게 묘사하고 읊게 하셨다. 그뿐 아니라 지혜자들을 통하여 인간이 가져야 할 모든 실제적 지혜와 생활 원리를 가르치고 보여주셨다.

이와 같이 여러 모양으로 말씀하신 하나님께서 '이 모든 날 마지막에는 아들을 통하여 우리에게 말씀'하셨다. 하나님께서 사람의 몸을 입고 세상에 오신 역사적 사건 그 자체가 곧 하나님께서 우리에게 하신 말씀이라는 뜻이다. 예수라는 이름으로 인간의 몸을 빌려 세상에 나시고, 자라시고, 말씀하시고, 가르치시고, 병을 고치시고, 기적을 행하시고, 고생하시다가 십자가에 달려 죽으시고, 다시 살아나신 그 모든 사건이 곧 인간을 향한 하나님의 극적인 말씀이다. 예수의 입에서 직접 나온 말씀만을 하나님께서 아들을 통하여 말씀하신 것이라고 보아서는 안 된다. 요한복음 기자의 말과 같이 예수가 곧 말씀이라고 보아야 한다. 그러므로 예수의 사건 하나하나와 그의 말씀 한마디 한마디는 하나님께서 인간에게 전하고자 하시는 뜻을 내포하고 있으며, 그것들 역시 역사 속에 구체화한 하나님 말씀의 일종이라고 보아야 할 것이다.

예수는 승천 후에 약속하신 대로 성령을 보내어 성도들을 일으키시고 교회를 이루게 하셨다. 그리고 사도들과 예언자들과 교사들을 감동시키셔서 예수 그리스도의 사건과 말씀을 해석하고 가르치게 하셨다. 그리하여 하나님의 말씀은 사도들과 그 측근을 통해 초대교회로 전달되었다.

하나님의 계시는 이렇게 여러 모양으로 사람들에게 나타나는 동시에 그것들이 하나님의 사람들을 거쳐 문서화하면서 더욱더 다양성을 가지게 되었다. 하나님의 말씀이 사람의 언어를 통해 표현될 때에는 각양각색의 표현 양식이 채택될 수밖에 없다. 또 성서의 계시를 인간에게 주시던 때는 지금부터 4,000년 내지 2,000년 전이었기 때문에, 다시 말해서 일반적으로 과학적 사고를 하지 못하는 시대였기 때문에 그 시대의 사람들이 가지고 있던 여러 지식과 우주관과 제도와 언어로 표현되었을 것이다. 현대인은 과학적 지식을 가졌기 때문에 모든 일을 과학적으로 관찰하고 과학적 정확성으로 진술하려고 한다.

하지만 현대인은 소설 역시 즐긴다. 작가는 소설이라는 장르의 표현법을 통해서 자신의 깊은 사상을 전달한다. 토끼와 거북이가 경주하는 옛이야기는 절대로 사실일 수 없다. 허황된 이야기이다. 그러나 어린이들은 그것이 마치 사실인 양 듣고 받아들이며 교훈을 얻는다. 그 이야기는 신화적인 것이지만 동서고금을 막론하고 누구에게나 교훈을 주고 있다. 마찬가지로 과학적 사고를 하지 못하던 옛사람에게는 과학적으로 사실을 설명할 수 없었기 때문에 자연히 신화적인 표현을 써서 설명할 수밖에 없었던 것이다.

예수는 비유를 많이 사용하셨다. 물론 비유는 그 소재를 생활 주변에서 가져왔다 하더라도 역사적 사건이 아니라 창작된 이야기에 지나지 않는다. 그럼에도 그 비유 속에는 황금보다 값진 진리가 담겨 있다. 구약의 시인들은 시로써 자신들의 의사와 사상을 표현했고, 많은 예언자가 시적 표현으로써 진리를 진술했다. 역사적 사건을 산문으로 기술한 부분도 있고, 개인이나 단체에 보내는 편지도 있다. 희곡도, 묵시문학도 들어 있다.

이렇듯 성서 안에는 여러 모양의 말씀이 섞여 있다는 사실을 알게 되며, 따라서 성서를 처음부터 끝까지 모두 다 같은 성격의 것으로 보고 판단한다면 큰 오류를 일으킬 수 있다. 역사는 역사로, 시는 시로, 비유는 비유로, 격언은 격언으로, 소설은 소설로, 희곡은 희곡으로, 신화는 신화로 각각 분류하여 저마다 적절한 해석법에 따라서 해석할 때 그 계시의 참뜻을 바로 깨닫게 된다. 하나님은 이와 같이 여러 부분과 여러 모양으로 인간에게 말씀하셨고, 그러한 말씀이 성서에 수록되어 있는 것이다.

디모데후서 3:16에 따르면 "모든 성경은 하나님의 감동으로 된 것"이라고 한다. 성서가 곧 하나님의 말씀이라는 명제를 앞에서 설명했지만, 이것을 단계적으로 설명해본다면 하나님께서 네 단계로 감동을 주셨다고 생각한다.

(1) 하나님은 우선 역사 속에 특수한 사건들을 일으키셨다. 아브라함의 사건, 모세를 통한 출애굽 사건, 여호수아를 통한 가나안 정복 사건, 그리스도 사건 등을 역사의 무대 위에 일으키셨고, 사람들이 그것을 목격하도록 하셨다. 하나님께서 계획하고 지휘하고 간섭하셔서 당신의 뜻을 그 사건들을 통하여 계시하신 것이다. 역사 속에 일어난 어떤 사건이든지 역사의 주인이신 하나님이 모르시거나 그의 장중에 있지 않은 것이 없지만 그것들은 보통 역사에 불과하다. 성서에 기록된 사건들은 하나님께서 특별히 의도하고, 간섭하고, 지휘하셔서 일으키신 사건들이다. 그런 의미에서 하나님의 특별계시의 사건들, 다시 말해서 하나님의 감동에 의해 일어나고 벌어진 사건들이라고 할 수 있다. 따라서 하나님의 감동은 일차적으로 그러한 특별계시의 사건들이 일어날 때 그 사건들 속에 있었다고 보아야 할 것이다.

(2) 하나님의 감동하에서 일어난 특별한 사건들이라 하더라도 그 자체만으로는 효력을 발휘하지 못한다. 즉 보통 사람들 눈에는 그 사건들이 평범한 사건으로밖에 보이지 않는다. 아브라함이 갈대아 우르에서 가나안 땅으로 이주한 사건은 그저 한 개인의 단순한

이주로 간주될 수 있다. 모세가 이스라엘 민족을 애굽에서 구출한 사건은 하나의 영웅담이요 이스라엘 민족사의 한 토막일 수 있다. 예수 사건도 보통 사람의 눈에는 유대 민족 종교적 이단자의 어느 기이한 이야기로 보일 수 있다. 그러나 하나님은 하나님께서 택하신 사람들에게 감동을 주어 그 사건들을 올바르게 해석하도록 하셨다. 하나님의 영의 감동을 받은 사람은 그 사건들의 엄청난 의미를 알아차릴 수 있었다. 소위 예언자들은 하나님의 감동으로 하나님께서 역사의 무대 위에 일으키신 특수한 사건들을 올바로 보고, 올바로 해석하여 그 사건들을 통해서 보여주시려는 하나님의 뜻을 깨달았고, 그것을 각각의 시대에 선포한 것이다. 이스라엘 사람들은 이러한 하나님의 사람들의 영감을 받은 역사 해석을 들으면서 살았다. 초대교회의 상황도 마찬가지였다. 사도들과 예언자들은 하나님의 영감을 통하여 예수 사건을 해석했다. 즉 예수가 하나님의 아들이라는 것, 그가 바로 하나님이 보내신 메시아라는 것, 그가 인간을 위하여 대속적 죽음을 성취하셨다는 것을 깨닫고 선포하였다. 이렇게 영감을 받은 사도들과 예언자들의 해석을 먹고 자란 것이 교회이다. 그러니까 둘째 단계로, 하나님께서 일으키신 사건들을 영감에 의해서 해석하는 단계가 있었다고 보아야 하는 것이다.

(3) 영감을 받은 사람들의 역사 해석은 처음에는 구전으로 전해졌다. 시간이 지나면서 그 구전들을 단편적으로 문서화하는 단계가 있었고, 그 단계가 발전하여 좀 더 계통 있고 체계 있는 글로 적어야 하는 단계가 왔다. 많은 예언자 그리고 사도들과 그의 제자들이 하나님의 감동을 받아, 상황에 따라, 하나님의 계시를 조리 있게 책으

로 엮었다. 마침내 과거의 구전과 단편 자료들과 영감을 통한 계시를 엮어서 책을 쓰기에 이르렀다. 그 결과로 이스라엘 민족과 교회가 그 글들을 읽으면서 자라났다. 이렇게 셋째 단계에서는, 성서에 수록된 많은 책이 기록되는 과정에서 그 저자들에게 하나님의 감동이 있었다는 말이다.

(4) 수많은 하나님의 사람이 글을 썼고, 그 글들이 많이 유포되었지만, 그중에서 어느 것이 참으로 하나님의 말씀인가 하는 것을 알기란 어려운 일이었다. 어떤 시대에는 하나님의 말씀이 아닌 것이 하나님의 말씀으로 오인되어 회당이나 교회에서 사용되기도 하였다. 어떤 시대에는 하나님의 말씀으로 인정되어야 할 책들이 배척을 받아 목록에서 빠지는 경우도 있었다. 그러나 교회의 긴 역사 가운데 성령의 감동으로 하나님의 말씀의 범위가 결정되고, 마침내 정경이 채택되기에 이르렀다. 397년 카르타고에서 정경이 결정되어 오늘에 이르고 있는데, 정경이 형성되는 긴 과정에는 하나님의 감동이 있었다고 생각된다.

성서가 하나님의 감동으로 기록됐다는 말은 적어도 위에서 열거한 여러 의미를 내포하고 있다는 뜻이다.

1) 구약성서의 세 구분

2) 율법서의 형성

3) 예언서의 형성

4) 성문서의 형성

여기서 우리가 알아야 할 것은
구약성서에 속하는 책들이 성서로서의 위치를
차지하게 된 것이 어떤 회의나 교회위원회의
결정 혹은 명령에 의한 것이 아니라는 사실이다.

그러한 회의가 이 책들을 성서가 되게 하거나
하나님의 말씀이 되게 한 것이 아니라,
사람들이 이미 그것을 하나님의 말씀으로
믿고 받아들이고 있었다는 사실을
단순히 시인하고 수락하였을 뿐이다.
구약성서의 책들이 성서로 받아들여진 것은
사람들이 그 책들 속에서 하나님을 만났고
하나님은 사람을 만나셨기 때문이다.

하나님의 말씀이 마침내 문서로 바뀌어 성서라는 책에 수록되었지만, 앞서 말한 바와 같이 그 말씀은 먼저 역사적 사건과 하나님의 사람들의 생활과 생각과 말 속에서 구체적으로 나타났다. 그것이 긴 역사 동안 여러 사람의 손을 통하여 차례로 기록되고, 오랜 시일에 걸쳐 하나님의 백성에 의하여 읽히고, 신비스러운 과정을 통해서 경전으로 채택되었다. 이렇듯 성서는 긴 형성의 역사를 가진 책이다. 성서가 하나님의 말씀인 것은 사실이지만 동시에 그 어느 부분도 사람의 글이 아닌 것이 없다. 다시 말해서 특정한 시기에 특정한 저자들이 특정한 환경에서 기록한 책들이 모여서 성서가 되었다. 그러므로 성서는 역사적인 검토와 문학적인 연구의 대상이 될 수밖에 없다. 그래서 이제 구약성서로부터 시작하여 그 속에 포함된 책들이 대개 어떤 경로를 거쳐서 기록되었는지를 역사적으로 진술해 보고자 한다.

구약성서는 물론 유대교의 경전이기도 하다. 우선 유대인들이 자신들의 경전인 구약성서를 어떻게 생각하였는지 한두 가지 대표적 문헌을 통해서 알아보자. 요세푸스(Josephus, c.100)라는 유대인 학자는 이렇게 말하였다. (1) 성서는 하나님의 영감으로 된 것으로 일정한 계시의 기간에만 기록된 것이다. 즉 모세로부터 아닥사스다(Artaxerxes, 465-424 BC) 왕 때까지 기록되었다. (2) 성서는 그 내용이 되는 자료의 거룩한 성격 때문에 세속적 문헌과는 구별되며, 그것을 건드리기만 해도 손이 부정을 탄다. 그렇게 된 손은 결례(潔禮)의 의식을 통해서만 깨끗함을 얻을 수 있다. (3) 성서에 포함되는 책의 수는 제한되어 있다.(어떤 곳에서는 22권, 어떤 곳에서는 24권이 열거되어 있다.) (4) 단어 하나라도 바꿔서는 안 된다.(Josephus, *Contra Apionen* I, 8)

이와 같이 요세푸스와 그 시대의 일반적인 유대인들은 성서의 각 저자들이 하나님의 영감을 받아서 썼기 때문에 성서에는 신적인 권위가 있다고 생각하였고, 아닥사스다 왕 때에는 이미 그것이 경전(經典)으로 완성되었다고 보았다. 그러나 『에스드라4서』 14:18-48(100 AD)에 따르면 경전은 점진적으로 형성된 것이 아니라 에스라 때에 단번에 되었다고 이야기한다. 즉 예루살렘이 함락된 후 30년이 되는 해(557 BC)에 에스라가 환상을 보았다는 것이다. 기도의 응답으로 그는 하나님의 성령을 충만히 받아, 이미 불타서 없어진 구약성서를 40일에 걸쳐서 5명의 조수에게 불러주어 받아쓰게 했다는 것이다. 그때에 쓴 것이 정경 24권과 비밀서 70권이며, 비밀서는 지혜 있는 사람만을 위해서 기록한 것이라고 한다. 다시 말해서 에스라가 하나님의 능력으로 구약 전체를 암송하여 불러주었다고 본 것이다.

구약 경전이 이렇게 해서 형성되었다는 생각은 2세기의 그리스도인들에게까지 번졌고, 에스라 때에 구약 정경이 단번에 완성됐다는 설은 유대교와 그리스도교에서 유행하였으며 개신교에서도 채택하게 되었다.

그러나 구약성서 전부가 그렇게 쉽게, 더욱이 에스라 한 사람에 의해서 완성되었다고 보는 설은 도저히 믿을 수 없다. 왜냐하면 여러 역사적 사실이 이 설을 부인하게 만들기 때문이다. 예를 들면 유대인들이 바벨론의 포로생활에서 돌아온 후 얼마 지나지 않아 곧 느헤미야 시대에 국가적 분열이 생겼고 사마리아인들이 분리되어 나가게 되었다. 그때부터 오늘날까지 사마리아인들은 구약의 첫 다섯 권, 즉 오경만을 성서로 인정한다. 그것은 그들이 분열되던 시대에 경전으로 간주한 것이 오경뿐이었다는 것을 의미한다. 당시에 다른 책들도 완전히 하나님의 말씀으로서 권위를 가지고 있었다면 사마리아인들이 오경만을 경전으로 가지고 나갈 이유가 없었을 것이다.

1) 구약성서의 세 구분

현재 우리가 가지고 있는 한글 성서나 기타 현대어 성서는 구약이 39권의 작은 책들로 구성되어 있으며, 율법서, 역사서, 시가서, 예언서의 순서로 배열되어 있다. 그러나 본래 유대인들은 그것을 다르게 구분하였으며, 오늘날까지 히브리어 원어 성서는 세 가지, 즉 율법서(토라), 예언서(느비임), 성문서(케투빔)로 분류되어 있다.

언제부터 이렇게 구분하기 시작했는지는 확실치 않으나, 우리가 가진 가장 오래된 문서적 증거에 따르면 적어도 기원전 180년경까지로 잡을 수 있다. 예수 벤 시라(시라의 아들 예수)라는 사람이 『집회서』(*Ecclesiasticus*, 시락서)라는 책을 히브리어로 썼는데 그의 손자가 그 책을 헬라어로 번역하였다. 그때가 기원전 180년경이었다. 번역서의 서론에는 그의 조부가 율법서와 예언서와 또 조상들의 다른 책들을 열심히 읽었으며, 율법과 예언자들과 그들의 발자취를 따르는 다른 사람들이 이스라엘에 많은 지혜와 교훈을 주고 있다고 기록되어 있다. 이것은 그때에 적어도 세 종류의 문서가 있었다는 것을 암시해준다. 우리는 지금 39권으로 된 구약 경전을 흔히 구약성서라든가 구약전서라는 말로 부르고 있다. 그러나 원어 성서에는 그러한 이름 대신 오늘날까지도 토라, 느비임, 케투빔이라는 명칭이 붙어 있다. 이것은 세 가지 책이 합쳐져서 하나가 되었다는 사실을 보여준다. 또한 명칭의 순서는 세 부분이 성서로 채택된 역사적 순서를 말해주는 것이기도 하다. 즉 율법서가 제일 먼저 채택되고, 그 다음에 예언서가 채택되고, 끝으로 성문서가 정경으로 채택되었다는 것이다.

'율법서'에는 구약의 첫 다섯 권인 창세기, 출애굽기, 레위기, 민수기, 신명기가 들어 있다. '예언서'라는 부분은 전기예언서와 후기예언서로 나뉘는데, 전기예언서에는 여호수아, 사사기, 사무엘(본래는 상·하권으로 나뉘지 않고 한 권이었다.), 열왕기(본래 한 권으로 되어 있었다.), 이렇게 네 권이 속하고, 후기예언서에는 이사야, 예레미야, 에스겔, 12소예언서(짤막한 12예언서가 한 권으로 된 것이다. 12소예언서에는 호세아, 요엘, 아모스, 오바댜, 요나, 미가, 나훔, 하박국, 스바냐, 학개, 스가랴, 말라기가 들어 있다.)가 속해 있다. 이리하여 예언서에는 모두 8권이 들어 있다. '성문서' 부분에는 더욱 잡다한 책들이 모여 있다. 시편, 잠언, 욥기, 전도서, 솔로몬의 아가, 룻기, 예레미야의 애가, 에스더, 에스라-느헤미야(본래 한 권으로 되어 있었다.), 역대기(본래 한 권으로 되어 있었다.), 다니엘, 이상 11권이 들어 있다. 그중에 다섯 두루마리(메길롯)라는 명칭을 가진 책들은 유대인의 명절과 특별한 관계를 가진 것으로 솔로몬의 아가는 유월절에, 룻기는 맥추감사절인 오순절에, 예레미야의 애가는 예루살렘 성전 파괴를 기억하며 금식하는 아빕(Abib)월 9월에, 전도서는 장막절에, 에스더서는 부림절(Purim)에 각각 읽었다. 이렇게 도합 24권은 오늘날 우리가 가진 39권의 책에 속하며, 정통 유대교가 경전으로 전수하였고 정통 그리스도교회가 오늘날까지 구약 정경으로 받아들이는 책들이다.

하지만 우리는 기본적으로 유대인들의 히브리어 성서 원전의 구분과 배열이 우리 성서와 다르다는 사실과 그렇게 된 이유를 알아야 한다.

90년 얌니아(Jamnia) 회의에서 유대인 학자들이 39권으로 된 구약성서를 정경으로 결정하고자 선포했을 때 이집트 알렉산드리아에 있던 유대인들이 이의를 제기했다. 어째서 39권뿐인가 하는 것이었다. 그 밖에 정경에 포함되어야 할 마땅하고도 훌륭한 책들이 많으며, 이는 우리가 외경이라고 말하는 책들도 충분한 가치가 있다는 것이었다. 그들은 알렉산드리아에서 번역된 소위 『칠십인역』(LXX), 즉 헬라어로 번역된 구약성서와 심지어 외경까지 모두 정경에 넣어야 한다고 주장하였다. 그들은 자신들의 헬라어 번역 구약성서(『칠십인역』)는 다르게 배열하였는데, 첫 부분인 율법서를 제외하고는 순서를 많이 바꿔버렸다. 개신교인들이 사용하는 성서의 구약 부분은 『칠십인역』과 거기에 근거한 라틴어 역 『불가타 성서』(Vulgata/Vulgate)의 배열 순서를 그대로 가지고 온 것이다. 그리하여 히브리어 구약 원전의 순서와 달라지게 되었다. 39권을 포함시킨 것은 우리의 성서나 히브리어 성서 원전이나 다름이 없다. 로마 가톨릭의 성서는 외경 15권 중 12권을 정경으로 받아들였다는 점에서 우리의 것과 다르다. 거기에 대해서는 뒷부분에서 다시 언급할 것이다.

2) 율법서의 형성

유대인들이 성서의 모든 부분을 거룩하게 여긴 것은 사실이지만 성서의 각 부분을 같은 수준으로 평가하지는 않았다. 그중에서 율법서를 가장 높이 평가하고, 성서 하면 우선 율법서를 떠올렸다. 그래서 그들은 흔히 성서를 예루살렘 성전에 비교해 성문서를 성전의 바깥뜰에, 예언서를 성소에, 그리고 율법서를 지성소와 같이 여겼다. 그들은 심지어 율법의 선재설까지 주창하며, 모세보다도 1,000년 세대 그리고 세상 창조보다도 974년 전에 율법이 창조되었다고 말했다. 심지어는 메시아가 오시면 예언서와 성문서는 폐기될 것이지만, 율법서만은 영원히 남아 있게 된다고 생각하였다.

율법서는 하나의 문서이자 하나님께서 완전하게 모세에게 주신 것이고, 따라서 율법서의 한 글자라도 모세 스스로 창안한 것이라고 말하는 사람은 죄를 받는다고까지 말하였다. 유대인들의 전통적 견해에서는 예언서와 성문서가 아무리 훌륭한 것이라 하더라도 율법서에 대한 전승, 설명, 해설에 불과한 것이라고 보았다. 이렇게 오경은 하나님께서 모세에게 불러주어 쓰게 하신 것이라고 보는 유대인들의 견해가 거의 그대로 그리스도교에도 전해졌고, 오늘날까지 많은 사람이 그대로 믿고 있다.

그러나 율법서를 자세히 검토해보면 그것은 일종의 합성 문서이며 오랫동안 발전되어서 이루어진 산물이라는 사실을 알게 된다. 앞에서도 언급한 바와 같이 유대 전통은 율법서의 한마디 한마디가 다 모세를 통하여 전해졌다고 말하지만, 사실은 모세 이외의 다른 사람들에 의한 기록도 있다는 것을 쉽게 찾아낼 수 있다. 한 예로 신명기 34장은 모세가 죽은 뒤의 일을 말하고 있으니 모세 자신이 그것을 기록했다고 볼 수 없다. 또 창세기 36장에는 에돔이란 나라의 왕명(王名)을 열거하면서 이스라엘을 다스리는 왕이 있기 전에 이들이 그 땅을 다스렸다는 말을 내세운다.(창 36:31) 이것은 적어도 이스라엘에 왕이 생겨서 다스렸다는 역사적 사실을 아는 사람의 글일 수밖에 없다는 것을 말해준다. 창세기 14:14에는 아브람(아브라함)이 자신의 조카 롯을 사로잡아간 자들을 '단'이라는 곳까지 추격했다고 기록되어 있다. 그러나 사사기 18:29에 따르면 그곳이 모세가 죽은 후에도 오랫동안 '라이스'라는 이름으로 있다가 사사 시대에 '단'으로 이름을 고쳐 부르게 되었다는 것을 알 수 있다. 오경에 여러 번 블레셋 사람들이 언급되어 있지만(창 21:34, 26:14-18, 출 13:17) 실은 기원전 1200년경까지는 그들이 팔레스타인에 나타나지 않았다는 것이 역사가들의 정설이다. 그러므로 모세 시대보다 훨씬 이후에 쓰인 부분들을 오경 속에서 찾을 수 있다는 말이 된다.

그뿐 아니라 오경에서는 같은 사건에 대하여 서로 다르게 묘사하는 기사들을 발견할 수 있다. 예를 들면 브엘세바가 어떻게 그런 이름을 가지게 되었는지를 설명하는 이야기가 두 가지로 나타난다. 하나는 아브라함과 아비멜렉이 맺은 계약(창 21:31)에서, 또 하나는 이삭과 아비멜렉 사이에 일어난 사건(창 26:33)에서 그 기원을 찾는다. 또 벧엘이란 이름의 기원도 두 가지로 나타난다. 하나는 야곱이 밧단아람으로 가는 도중 환상을 보는 이야기(창 28:19)에, 또 하나는 야곱이 몇 해 후에 밧단아람에서 돌아올 때의 사건(창 35:15)에 나타난다. 하갈이 추방되는 이야기도 둘이 있는데 하나는 그녀가 이스마엘을 낳기 전에 추방되는 이야기(창 16:6 이하)이고, 다른 하나는 이스마엘이 커서 소년이 되었을 때에 추방되는 이야기(창 21:9 이하)이다. 창조설화 역시 뚜렷하게 다른 두 가지로 나타난다. 창세기 1장에는 세상 만물과 동물까지 창조된 후에 남자와 여자로 사람이 창조된다. 그러나 2장에서는 남자가 먼저 창조되고 다음에 동물, 그리고 마지막에 여자가 창조된다. 홍수에 대한 기사도 두 가지로 나타난다. 하나는 노아가 모든 짐승을 한 쌍씩 방주 안에 넣으라는 명령을 받은 것으로 되어 있고(창 6:19), 다른 하나는 정결한 동물은 일곱씩, 부정한 동물은 한 쌍씩 넣으라고 명령을 받은 것으로 되어 있다.(창 7:2) 이와 같이 이야기가 중복된 것은 오경을 오늘의 형태로 작성한 사람들이 사건에 대한 두 가지 기사를 앞에 놓고 그 자료들을 정직하게 그리고 충실하게 취급하려는 의도에서 그 두 가지를 다 포함시킨 것으로 보인다.

더욱 놀라운 것은 하나님의 이름을 사용하는 데에도 차이가 있다는 점이다. 출애굽기 6:2-3에는 "하나님이 모세에게 말씀하여 이르시되 나는 여호와[야훼]이니라 내가 아브라함과 이삭과 야곱에게 전능의 하나님으로 나타났으나 나의 이름을 여호와[야훼]로는 그들에게 알리지 아니하였고"라고 기록되어 있다. 그러나 창세기 15:2, 8에는 아브람(아브라함)이 하나님을 여호와(야훼)라는 이름으로 부른 것을 볼 수 있다. 사래(사라)와 라반도 그 이름을 불렀고(창 16:2, 24:31), 셋의 시대에도 그 이름이 사용되었으며(창 4:26), 심지어 하와까지도 그녀가 아들을 낳을 때 여호와라는 이름을 사용한 것(창 4:1)을 볼 수 있다. 이는 여기에 한 개 이상의 자료가 사용되었을 것이라는 점을 시사한다. 우리가 이러한 사실을 지적하는 것은 오경 편집자를 과소평가하거나 비난하는 것이 절대 아니다. 도리어 그들이 취급하는 자료나 문서에 대해서 지나치게 꼼꼼하다고 할 만큼 정직했다는 것을 말해준다고 본다.

지금까지의 내용을 일단 간추려본다면, 결국 오경은 유대인의 전통적 견해처럼 모세가 하나님께로부터 직접 받아 쓴 책이 아니라는 것과, 따라서 오경은 하나 이상의 문서들이 편집된 것이라는 결론에 이르게 된다. 다행인지 불행인지 오경의 저자나 편집자가 누구인지를 아무도 확실히 알지 못한다. 보수 진영에서는 유대인들의 전통을 이어받거나 특별히 예수의 말씀에 근거하여 오경의 실제 저자를 모세로 인정하고 있다. 예수는 당시의 전통대로 오경의 모세 저작권을 그대로 인정하셨다. 그래서 신앙이 두터운 그리스도인들이 예수의 권위와 그 지식의 무오성을 내세우며, 예수가 인정하신 오경의 모세 저작권은 움직일 수 없는 진리라고 주장하고 있다. 그러나 여기서 우리는 이 문제에 대하여 몇 가지 생각해볼 여지가 있다고 본다.

우리는 한글을 가리켜 세종대왕의 한글이라고 부르지만 사실 세종대왕이 혼자 한글을 만들었다는 말은 아니다. 그 밑에 있던 학자들과 함께 만든 것이다. 1611년에 출판된 영어 성서를『킹 제임스 역』(*King James Version*, KJV)이라고 부르지만, 그 왕이 친히 번역한 것이 아니다. 동서를 막론하고 가장 존경하는 이에게 어떤 공로를 돌리는 것은 일종의 미덕이었고 관례였다. 함무라비 법전이라고 해서 함무라비 왕이 직접 만든 법은 물론 아닐 것이다. 모세는 이스라엘 민족의 국부(國父)라고 할 만한 인물로서 민족 해방과 영도에 공을 세웠고 우리는 그가 하나님 앞에서 십계명을 비롯한 여러 가지 법을 받아 선포하고 가르친 것으로 알고 있다.(어떤 학자는 십계명까지도 모세가 직접 받은 것이 아니라고 말한다.) 그렇기 때문에 이스라엘 민족이 가진 모든 법과 기본적인 교훈과 심지어 그 민족이 형성된 기본적인 역사까지도 포함한 것을 이스라엘 민족의 일종의 기본 헌장으로 삼았을 때, 그들의 국부요 또 이스라엘 법의 창시자이기도 한 모세를 그 저자라고 부른 것은 너무도 당연한 일일 것이다. 그것은 이스라엘 민족의 전통이 되었고, 누구나 거기에 젖어 있는 시대에 사셨던 예수도 유대인의 한 사람으로서 그 전통을 따르신 것은 자연스러운 일이다.

그리고 앞서 언급한 바와 같이 하나님께서 인간에게 계시하실 때 그 시대의 문화와 역사를 매개로 하실 수밖에 없다고 본다면, 예수께서 그 시대적 전통을 그대로 이용하신 것은 당연한 일이다. 좀 더 대담하게 말해본다면 인간이시기도 한 그리스도 예수는 인간으로서의 제약성을 가지셨기에 키가 자라고 지혜도 자랐으며, 가시에 찔린 이마에서는 피가 흘렀고, 십자가에 달리셨을 때에는 고통을 느끼셨던 것이다. 예수는 그 시대 사람으로 태어나 그 시대의 말을 하셨고, 그 시대의 문화와 지식을 가지고 사셨다. 그리고 그것으로 족하였다. 그러므로 예수께서 오경의 정확한 저자를 알아야 할 이유도 없고, 우리가 그렇게 기대할 필요도 없지 않을까?

그렇다면 오경은 어떻게 기록되었을까? 그 누구도 정답을 말해줄 수 없다. 우리가 우선 알아야 할 것은 구약의 율법서나 예언서를 막론하고 그러한 문서가 생기기 전에 히브리 민족의 역사가 있었다는 사실이다. 하나님과 계약을 맺은 백성으로서 오랫동안 지나온 역사에는 우여곡절이 많았다. 하나님은 특별히 예언자들을 일으키셔서 히브리 민족에게 모든 사건을 하나님과의 관계에서 해석해 주도록 하셨다. 이렇게 하나님은 그분의 위대하신 구속적 사건들과 신앙의 사람들의 해석을 통해 점진적으로 당신의 뜻과 목적을 사람들에게 계시하셨다.

모세 시대에도 글이 있었던 것은 맞지만, 이스라엘의 역사나 예언자들의 설교를 언제 문서화하였는지는 확실히 알 수 없다. 족장 시대와 가나안 정복 이전 시대에도 여러 가지 이야기와 법률 등 모든 것이 구두로 대대에 전승되었음은 확실하다. 가나안에 정착한 후 이스라엘 백성은 안정된 정치체계를 갖추었고, 이후 적의 침략을 방어하기 위해서 투쟁하는 혼란기를 거쳐야 했다. 이와 같은 난국 시기의 이야기, 곧 여호수아, 갈렙, 기드온 등의 정벌기(征伐記)가 백성 가운데 계속 인기를 모으며 입에서 입으로 전승되었던 것이다. 그 후 사무엘과 사울 시대를 거쳐 이스라엘 족속이 통일된 국가를 이루고 자기 방위와 자립의 실력이 넉넉해졌을 무렵에는, 상당한 부피의 법률과 이야기들과 찬양시들이 구전(口傳)으로 혹은 문서로 형성되어 있었을 것으로 본다. 우선 다윗 시대(1010-c.970 BC)에 여러 뭉치로 수집된 성문(成文) 자료들이 입수되었던 것 같다. 또 왕궁의 기록들과 공식 연감(年鑑)들도 수록되기 시작하였다. 이때부터 이스라엘 민족의 문서 활동은 점점 증가하게 되었다.

먼저 남쪽의 유다 왕국에서 솔로몬 왕(970-931 BC)이 사망한 후에 고대 이스라엘의 역사 문서가 생긴 것으로 보인다. 그 문서에서는 하나님을 처음부터 여호와라는 이름으로 불렀다고 한다. 이 문서는 유다와 이스라엘의 남쪽 왕국에 관심을 집중하고 있는 것이 특징이며 그것을 여호와(Jehovah)라는 말의 첫 글자를 따서 J문서라고 부른다. 이는 유대(Judaea) 지방을 중심으로 기술한다는 의미를 가진 것이기도 하다. J문서는 하나님을 단순한 어린아이와 같은 인성을 가진 분으로 묘사한다. 여호와는 사람을 땅의 흙으로 만들고 그 콧구멍에 숨을 불어넣으신다.(창 2:7) 남자의 짝인 여자를 남자에게서 떼어낸 갈빗대로 만드신다.(창 2:22) 동산을 만들고 서늘한 시간에 그곳을 거니신다.(창 3:8) 노아와 그의 모든 가족이 안전하게 방주 안으로 들어갔을 때 문을 닫아주신다.(창 7:16) 이렇게 의인화된 하나님의 모습을 우리는 J문서에서 발견하게 된다.

그다음으로 북쪽의 이스라엘 왕국에서 또 하나의 문서가 생겼다고 본다. 이미 언급한 바와 같이 오경에는 아브라함과 기타 족장들이 하나님을 알고 있었지만 여호와라는 이름을 가진 하나님으로는 알지 못했다고 생각하는 문서와, 반면에 처음부터 여호와라는 이름이 사용되는 문서가 섞여 있다. 북쪽의 이스라엘에서 생긴 소위 E문서는 하나님께서 모세에게 여호와라는 이름을 계시하시기 전까지는 하나님을 여호와라고 부르지 않는 문서이다. E라는 것은 하나님을 히브리 말로 엘로힘(Elohim)이라고 발음하기 때문이기도 하지만, 북쪽 지방을 일명 에브라임(Ephraim)이라고도 했기 때문이다. 이렇게 북쪽에서 나온 이야기는 창조기사부터 시작하지 않고 아브라함의 역사에서부터 출발한다. E문서에서 하나님은 J문서와 달리 초월적 능력과 권위를 가지신 분으로 묘사된다. 여기에서는 특히 꿈, 천사, 축복, 이별 등에 관심을 두었고, 북쪽의 이스라엘에 유난히 주의를 기울이는 것을 볼 수 있다. E문서에 속하는 요셉의 이야기에는 르우벤이 주도적인 역할을 한 것으로 묘사되어 있다. 출애굽 이야기에는 에브라임족에서 나온 여호수아가 뛰어난 역할을 한 것으로 나타난다. 야곱의 이야기에서도 벧엘과 세겜, 곧 북쪽 나라 이스라엘에 있는 지방 중심으로 되어 있다. 이런 사실들로 보아 이 문서는 결국 북쪽 이스라엘의 초기 역사를 보여주려는 목적으로 작성된 것이라고 추측할 수 있다. 이것은 J문서보다 1세기 이상 늦게 (c.750 BC) 편집되었을 것으로 본다.

북쪽의 이스라엘이 기원전 721년에 멸망한 후(c.650 BC) J와 E 두 문서는 남유다의 어떤 편집자에 의해서 하나로 편성되었을 것이라고 보는데, 이것을 JE문서라고 부르는 것이 오늘날 전통이 되었다. 같은 사건에 대하여 두 문서는 각기 약간씩 다르게 진술했지만, 이 편집자는 두 문서를 비교하면서 그들의 차이점을 정직하게 그대로 소개하고 한 줄거리의 이야기로 엮어놓은 것으로 보인다.

기원전 621년에 유다 요시야 왕의 대혁명이 전개되기 시작하였다. 그것은 성전에서 발견된 책을 중심으로 일어난 일이었다.(왕하 22:8-20) 학자들은 이 책이 현재의 신명기와 대동소이한 것이라고 말한다. 그것을 신명기를 뜻하는 영어 단어(Deuteronomy)의 첫 글자를 따서 D문서라고 부르게 되었다. 이때 발견된 문서는 즉각적으로 하나님의 말씀으로 받아들여지게 되었고 유다 왕국의 법으로 인정하는 데까지 이르렀다.(왕하 23:3) 정경 형성이라는 긴 과정이 바로 여기에 구체적인 발단을 두고 있다. 다시 말해 어떤 책을 하나님의 계시의 말씀으로 받아들여서 공식적인 국가와 개인의 법으로 제정한 일은 이 사건에서 비로소 발생했다는 말이다.

이렇게 D문서가 발견되었을 때는 이미 JE라고 하는 서사적(敍事的) 역사 문서가 존재하고 있었다. D문서를 모세가 준 율법서로 간주하였기 때문에 JE와 D를 함께 섞었고, 모세 죽음 이전까지의 이야기 속에 삽입하였다. 오경은 이렇게 점진적으로 형성되어 갔다.

어떤 학자들은 그다음으로 형성된 것을 H문서라고 말한다. H

는 성결법전(Holiness Code)을 대표하는 기호이다. 그 문서의 내용은 거룩에 대한 규칙과 원리를 규정한 것이라고 한다. "너희는 거룩하라 이는 나 여호와 너희 하나님이 거룩함이니라"(레 19:2)라고 한 이스라엘 종교의 근본 정신을 발휘하는 데 필요한 교훈과 원리와 법칙이 점차로 자라 하나의 문서를 이루었는데, 그것이 지금의 레위기 17-26장에 들어 있다는 것이다. 이 문서는 기원전 550년경 편집되어 발표된 것으로 그때까지 편집 확대되어 내려오던 경전에 자연적으로 첨가되기에 이르렀다고 한다.

끝으로 이스라엘 민족의 바벨론 포로 시대와 포로 이후 시대에는 비록 정치적으로 독립을 잃었을지라도 유대인 고유의 종교적, 문화적 생활을 확립해보려는 노력이 있었다. 이를 위하여 제사장 무리와 기타 학자들이 선민 역사의 줄거리, 그들의 종교제도, 스룹바벨 성전(제2성전)의 의식법과 절차 등을 수집하고 편찬하기에 이르렀다. 주로 제사장들에 의하여 작성되었다고 해서 그것을 제사장 문서(Priestly Source)라고 부르게 되었고, 따라서 P라는 약자로 표시하게 되었다. 그 안에는 레위기의 나머지 제사법과 오경의 나머지 역사 부분이 포함되어 있다고 한다. P문서의 특징은 창세기 1장의 창조 역사를 말할 때처럼 고상하고 엄숙하다는 점이다. 이스라엘의 위대한 종교적 제도나 절기의 기원을 말해주는 이야기들을 많이 포함하고 있는데, 예를 들면 P문서의 창조설화는 안식일의 절대적 중요성을 설명해준다. 그리고 족보를 매우 중요하게 다룬다. 제사장에게는 계보의 성결(聖潔)이 무엇보다도 꼭 필요하고 중요하기 때문이다. 결국 오경은 이러한 P문서를 골격으로 하고 다른 부분들이 거기에 맞추어졌다고 본다. 이 문서는 에스라 시대에 완성되었으며, 에스라가 기원전 444년에 백성들에게 읽어준 것(느 8장)이 바로 이 문서일 것으로 여겨진다.

그 후 약 100년 동안 하나님의 인도 아래 오경은 완전히 오늘날의 형태와 같이 채택되었고, 하나님께서 주시는 말씀이요 이스라엘에게 주시는 교훈과 법도임을 아무도 의심하지 않게 되었다. 그리하여 기원전 400년경에 창세기, 출애굽기, 레위기, 민수기, 신명기, 이 다섯 권이 제일 먼저 성서로 받아들여지게 되었다. 이렇게 단언할 수 있는 몇 가지 이유를 들어보자.

첫째로, 기원전 285-246년에 애굽 왕이던 필라델푸스(톨레미 2세)의 후원으로 히브리 경전인 구약성서를 헬라어로 처음 번역하게 되었는데, 그때 번역된 것이 오경뿐이다. 당시에 다른 책들도 있었지만 그때까지는 아직 오경만이 완전한 의미에서 히브리인의 경전이었기 때문에 그것만 번역한 것으로 생각된다. 이를 통해 적어도 기원전 250년에는 오경이 경전으로 수락되어 있었다고 추측할 수 있다.

둘째로, 이미 언급한 바와 같이 느헤미야 시대에 이스라엘의 민족적 분열이 일어났다. 그때에 사마리아인들이 분리되면서 율법서만을 사마리아 글자로 옮겨 자신들의 성서로 삼았고, 그것이 오늘날까지 이르고 있다. 이는 당시 오경만이 성서로 수락되어 있었다는 것을 의미하는 게 아니겠는가. 그 시기를 기원전 400년경으로 본다.

셋째로, 느헤미야 8-10장에는 서기관 에스라가 백성을 모아놓고 율법책을 읽었다는 이야기가 나온다. 에스라와 느헤미야의 인도하에 이스라엘 백성이 바벨론에서 돌아왔을 때, 그들은 정치적인 영광을 얻어보겠다는 열망보다도 종교적이고 영적인 일에 그들의 위대성을 발휘하려 했다. 그리하여 율법서를 완성하고 성서를 가진 백성으로서의 특유성을 가졌던 것이다.

이렇게 기원전 400년경에는 성서라는 큰 건물의 첫 단계가 결정되고 완성됨으로 구약 정경의 첫 부분이 생겨났다.

이상 언급된 문서가설(Documentary Hypothesis)들은 물론 문자 그대로 가설이요 일종의 학설이어서 아무도 확실성을 가지고 그대로 주장할 수는 없다. 그러나 그것이 지금까지 인간의 학문적 추구를 통하여 얻어진 최선의 설명이라고 보며, 그보다 더 적합하고 더 믿을 만한 설명이 나타나기를 고대할 뿐이다.

3) 예언서의 형성

오경이 비록 율법[서]이라는 이름을 가지고 있기는 하지만, 그 책은 이스라엘로 하여금 약속(계약)의 하나님께 신실한 백성이 되게 하려는 예언자들의 꾸준한 투쟁과 노력을 통해서 점진적으로 형성된 책이다. 유대교에서는 이스라엘 민족 가운데 역대의 위대한 인물들을 모두 예언자라고 불렀다. 아브라함, 이삭, 야곱, 다윗, 욥, 에스라, 모르드개 등도 다 예언자였다고 말하며, 유대 학자들은 이스라엘 역사상 남자 예언자가 40명, 여자 예언자가 7명이라고 계수한다. 이렇게 유대 민족에게서 예언자가 차지하는 위치는 높고 또 중요하였다. 예언자는 하나님의 사람이다. 하나님의 영을 받아 하나님의 능력으로 사물을 관찰하고 판단하며, 그가 주시는 말씀을 받아 거기에 의해서 정황을 판단하고 그 시대 백성에게 서슴지 않고 선포하는 사람인 것이다.

이처럼 오경(율법)이 하나님의 영의 감동을 받은 숨은 예언자들의 손을 거쳐서 오늘의 형태에 이르렀다고 보지만, 예언자들의 문서 활동은 중단 없이 계속되었다. 구약성서의 둘째 부분인 예언서가 율법서에 뒤따라 형성된 것이 그 사실을 말해준다.

예언서는 북쪽의 이스라엘에서도 생기고 남쪽의 유다에서도 생겼다. 예언서라고 하면 우리의 첫인상이 예언(豫言)이라는 글자의 표면적 뜻에 묶이기 때문에 그것의 진정한 의미를 흐려놓고 만다. 선지자(先知者)라는 이름을 붙여도 역시 같은 결과가 나타난다. 예언자나 선지자라는 명사는 문자 그대로 해석하면 장래의 일을 말하거나 미리 아는 사람이라는 의미밖에 보여주지 않는다. 그래서 예언이라면 으레 모두가 장래 일을 미리 말하는 것이라고 오해하고, 그렇게 해석하려고 한다. 그러나 예언자란 말로 번역되는 히브리어 '나비'는 시간적 개념을 가진 것이 아니다. 한마디로 말해서 하나님의 감동을 받아 하나님의 말씀을 대변하는 사람을 가리킬 뿐이다. 그러므로 그는 하나님께서 말하라고 그에게 명하시는 것이면, 그것이 과거의 것이든지 또는 미래의 것이든지를 막론하고 충성스럽게 그것을 전할 책임을 가지는 것이다. 그러니까 예언이란 어휘는 참 예언자의 기능 중 일부분만을 나타내는 말이라고 보아야 한다.

우선 전기예언서 부분을 살펴보자. 거기에는 여호수아, 사사기,

사무엘, 열왕기 등 네 개의 책이 들어 있다. 우리는 보통 이를 역사서라고 부른다. 그런데 옛날부터 유대인들은 그것들을 예언서라고 불렀다. 거기에 무슨 예언이 들어 있을까? 여호수아와 갈렙의 인도하에 이스라엘 민족이 요단강을 건너가는 이야기와 가나안 땅을 점령하는 사건에서부터 그 민족이 바벨론에 포로로 끌려간 사건까지를 엮은 역사가 기록되어 있음에도 그것을 예언서라고 부르는 것은 어찌된 일일까? 그것은 두말할 것도 없이 하나님의 사람인 '나비'들이 하나님을 믿는 신앙적 입장에서 그 역사를 관찰하고 해석해주는 책들이기 때문이다.

후기예언서의 이사야, 예레미야, 에스겔, 12소예언서를 보더라도 그렇다. 거기에는 주로 예언자의 설교가 시적으로 적혀 있으며, 산문조의 서술이 부분적으로 들어 있다. 순수한 예고로서의 예언은 그리 많지 않다.

율법서는 이스라엘 백성의 역사를 시초부터 다루어 약속의 땅 가나안 접경에 도달할 때까지의 이야기를 묘사하거나 해설해주는데, 예언서는 하나님께서 당신의 백성을 그들의 유업의 땅에서 어떻게 다루셨는지 그리고 그들을 고집과 죄에서 건지려고 얼마나 참고 노력하셨는지를 주요 내용으로 삼고 있다.

유대인의 전설에 따르면 여호수아가 스스로 여호수아서를 썼고, 사무엘이 사무엘서와 사사기를 썼고, 예레미야가 열왕기를 썼다고 한다. 유대인들은 여호수아와 사무엘까지 예언자로 간주하였으니 그런 의미에서 이 책들을 예언서라고 불러야 한다고 생각했을 것이다. 그러나 그 책들의 참 저자가 누구인지는 확정할 수 없다.

그러므로 막연하게 예언자들의 글이라고 생각하는 데서 멈출 수밖에 없다. 어떻든간에 이 책들은 역사책이 아닌 것이 분명하고, 그들의 참 목적과 기능은 예언자들의 원리를 역사적 사건을 통해서 사람들에게 보여주는 일이다. 다시 말해서 역사적 경험을 통하여 히브리인에게 체험하게 하신 하나님의 뜻을, 그의 예언자들을 통하여 히브리인과 그 밖의 모든 사람에게 가르치는 책이 곧 예언서이다.

예언서 기자들은 사건을 그대로 분석하는 데 관심을 가진 것이 아니라, 사건들이 하나님의 뜻을 어떻게 실현하고 설명해주느냐 하는 데 관심을 두었다. 예언서들은 하나님의 행동으로서의 역사를 묘사하였고 예언자들의 말, 곧 그들의 경고와 약속이 다 같이 참되다는 것을 보여주려고 한다. 단순히 인간의 사건들을 기록하려는 것이 아니라 하나님께서 이스라엘 민족 안에서 또는 그들을 통해서 행하신 바를 기록하고 보존하여 후세대에게 읽히려는 데 그 목적이 있다.

여호수아서와 사사기는 가나안 정복과 정착 이래 수립되었던 구전 자료 또는 성문 자료들을 기초로 하여 형성되었을 것이고, 사무엘서와 열왕기서는 사무엘의 생애와 사역으로부터 시작하여 기원전 6세기 유다 왕국이 멸망할 때까지 기록된 여러 문서를 기초로 했을 것이다. 그러나 단순한 사건 기록만으로는 충분하지 않았을 것이다. 그 사건들 속에서 하나님의 구원 행위를 발견하고 신앙으로 하나님의 뜻에 응답하도록 하는 데에는 하나님의 사람, 곧 예언자들의 해석과 그들의 특수한 예언자적 역사 편찬이 필요했다.

이와 같이 전기예언서의 형성도 하나님의 간섭과 여러 예언자들의 오랜 노력에 의해서 점진적으로 이루어졌다. 그 완성된 형태는 이스라엘 역사에서 예언자들의 영향이 제일 컸던 시대인 기원전 650-550년에 채택된 것으로 보인다.

후기예언서의 경우에는 이사야와 예레미야와 에스겔 등 위대한 예언자들이 자신들에게 주신 하나님의 말씀을 부분적으로나마 기록으로 남겨둔 것이 있었을 것이고, 그 밖에 이 예언자들의 제자들이 스승의 말씀과 행동을 기록으로 남겨 보존한 것으로 보인다. 이렇게 예언자의 생전 혹은 죽은 직후에 그들의 메시지를 담은 문서들이 이스라엘의 문학적 유산의 일부분이 되었다. 그리고 그 메시지가 주로 시(詩)의 형식으로 표현되었기 때문에 그들의 제자와 그 밖의 독자들에게 매우 인상적으로 남았고, 그것을 기억하거나 후대에 전달하는 데 아주 용이했으리라고 생각한다. 이렇게 해서 이루어진 예언 문서가 정경으로 수락되는 것은 자연스럽고 또 불가피한 일이었다.

예언자들의 말이 구두나 문서로써 오랫동안 전해지던 가운데 그 자체가 지닌 권위와 감화력은 그것을 읽는 사람들에게 감동과 감화를 주었으며, 반성과 위로와 격려를 불러일으켰다. 특히 나라를 잃고 고국산천을 떠나 먼 이방 나라 바벨론에서 포로가 되어 있던 경건한 유대인들의 마음속에는 예언자들의 말이 필요불가결하게 다가왔다. 예언자들의 신랄한 경고와 예언을 소홀히 듣고 무시하던 민족이 이제 망국의 운명과 포로생활의 쓰라린 고통을 직접 겪게 되자, 예언자들을 통해 들려오던 하나님의 말씀을 새삼스럽게 기억하며 예언자들의 예고와 경고가 얼마나 깊은 진실성을 가졌는지 뼈저리게 느꼈던 것이다. 이제와 후회해봤자 소용이 없다. 하나님께 회개의 제사를 드리고 싶어도 드릴 장소가 없다. 그들은 오직 예언자들의 말을 기억하며, 그들의 글을 읽고 보존하며 새로운 다짐을 했을 것이다.

그들이 포로에서 해방되어 돌아온 뒤에도 형편은 그리 호전되지 않았다. 그때에도 여전히 예언자들의 글에서 격려와 위로를 받아야만 했다. 과거 영광스러운 시절의 이야기를 열심히 읽으면서 오늘의 괴로움은 자신들이 저지른 죄의 값이라는 사실을 깨달았던 것이다. 그리고 전기예언서의 역사와 후기예언서의 약속을 읽으며 그들은 새 희망을 얻을 수 있었다. 이를테면 그들이 하나님께 복종하고 그 법도 안에 있기만 하면 반드시 영광의 날이 오고야 말 것이라는 확신이었다. 이렇게 포로 시대와 그 이후 시대에, 예언서는 이스라엘의 지친 영혼에 절대적 양식이 되었다. 예언서는 그들에게 곧 하나님의 말씀이었다.

예언자의 말을 존중히 여기게 된 또 다른 이유가 있다. 유대인들은 기원전 5세기 중엽에 예언자 말라기에 이르러 예언의 소리가 끊기고 다시는 그것을 들을 수 없게 되었다고 믿었다. 구약성서 안에도 이러한 신앙의 잔재가 나타난다. 신명기 18:15에는 하나님께서 자기 백성 가운데에 언제든지 예언자를 일으키실 것이라는 믿음과 희망이 나타나 있는데, 말라기 4:5에 따르면 이제 기대할 수 있는 것은 새 예언자가 아니라 엘리야가 다시 오는 것이라고 하였다. 스가랴 13:3에 따르면, 스가랴는 누구든지 자신이 예언자라고 말하면 그를 가짜 예언자로밖에 볼 수 없는 그러한 시대를 내다보았다. 시편 74:9에는 "선지자도 더 이상 없으며 이런 일이 얼마나 오랬는지 우리 중에 아는 자도 없나이다"라고 기록되어 있다. 예언자가 끊기는 현상을 말한 것이다.

구약의 외경 중 『마카베오1서』에는 이스라엘에 예언자가 끊긴 날 이후 전에 없던 슬픔이 있었다는 언급이 나온다.(『마카베오1서』 9:27) 또 4:46에는 더러워진 제단의 돌들을 어떻게 처치해야 할지 알 수 없어 예언자가 이스라엘에서 일어나 말해주기를 기다린다고 이야기한다. 14:41에는 예언자가 나타날 때까지 시몬을 대제사장으로 추대하기로 합의했다고 말한다.

그 밖의 랍비들의 글에도 비슷한 말이 있다. 어떤 구절에서는 알렉산더 대왕 때(c.330 BC)까지는 예언자들이 성령의 감동으로 예언했지만, 그 이후에는 사람이 할 수 있는 일이 고작 지혜자, 곧 서기관(율법학자)의 말을 듣는 일이라고 한다. 1세기의 아키바라는 랍비는 어떤 유대인이든지 그리스도인의 책을 읽으면 내세에 생명을 얻지 못한다고 선언한다. 그리고 예언자의 시대가 지난 후에 저술된 책, 이를테면 벤 시라의 책이나 기타 다른 책들은 사람이 읽기는 하여도 보통 편지를 읽는 정도로 생각하라고 가르친 것이다.

이와 같이 예언자의 시대는 학개, 스가랴, 말라기로 끝났다고 생각했기 때문에 위대한 예언자들의 글을 극히 중요한 것으로 여길 수밖에 없었다. 다시 말해서 예언서는 영감의 시대에 기록된 것이며, 그 시대는 이미 존재하지 않는다고 보았다. 그러므로 그러한 영감으로 된 책들을 소중히 수집하고 보존하며 열심히 연구한다는 것은 너무도 자연스러운 일이다.

그렇다면 예언서들은 실제로 언제 수집되고, 편집되고, 발행되었을까? 여기에 대해서도 정확한 판단을 내릴 수 없고, 다만 관련된 전설을 통하여 추리하는 수밖에 없다.

먼저 『마카베오2서』 2:13에 나타난 전설에는 느헤미야가 도서관을 창설하고 왕들과 예언자들의 행적, 특히 다윗의 역사와 거룩한 예물과 제물에 관한 왕들의 서신들을 수집했다고 기록되어 있다. 여기에서 역사적 진실성을 어느 정도까지 인정해야 할는지 알 수 없지만, 느헤미야가 예언자들의 글을 수집했다는 진술에 우리의 주목이 끌리는 것은 사실이다.

둘째로, 앞서 언급한 『에스드라2서』(1세기 후반에 나타난 책)라는 외경에 따르면 국난을 당했을 때 율법서가 타버렸다고 한다. 그리고 에스라가 하나님께 기도하기를, 하나님께서 역사 가운데 행하신 일과 앞으로 하시려는 일에 대하여서 옛 율법서에 기록되었던 것과 똑같이 쓸 수 있게 해달라고 하였다는 것이다. 하나님께서는 에스라에게 훈련받은 필공(筆工) 다섯을 거느리고 40일간 사람들 없는 곳으로 물러가 있으라고 응답하셨고, 에스라는 물 한 잔을 마시고 40주야를 계속하여 말했다고 한다. 그때 그가 받아쓰게 한 책이 94권인데, 그중 70권은 현인(賢人)들에게 넘겨줄 책이고, 24권은 누구에게나 읽히도록 공개할 책이라는 것이다. 이 24권이 곧 구약성서였다고 한다.(『에스드라4서』 14:19-48) 이 이야기는 물론 순수한 전설에 불과하다. 그러나 우리는 이 이야기가 구약의 모든 책을 보전하고 공포하게 된 것을 에스라가 한 일로 돌리고 있다는 사실에 주목해야 한다.

셋째로, 다른 유대 전통에 따르면 대회(大會)라는 말이 흔히 사용되는 것을 볼 수 있다. 『족장들의 어록』(*Sayings of the Fathers*)이라는 책에 "모세는 시내산에서 율법을 받아 여호수아에게 전했고 여호수아는 장로들에게 그것을 전했다."라고 기록되어 있다. 이 대회는 에스라가 소집한 사람들의 무리를 가리키며, 그중에는 학개, 스가랴, 말라기, 느헤미야, 다니엘, 모르드개 등도 포함되어 있었다고 말한다. 즉 대회란 이스라엘의 영적 통치자 집단인 것이다. 이들이 에스겔서, 12소예언서, 다니엘서, 에스더서를 쓰고, 동시에 에스라는 에스라서와 역대기에 있는 그때까지의 족보를 썼다고 한다. 물론 이것은 전설에 지나지 않으며, 대회라는 것이 실제로 존재했는지도 의심스럽다.

이러한 유대 전설들이 공통적으로 확실하게 말해주는 것은 에스라-느헤미야 시대에 성서의 여러 책들이 모이고 수집되어 정경으로 바뀌었다는 사실이다. 그러나 이것은 정확한 역사를 말한 것이 아니다. 다만 그것들은 율법서가 정경으로 채택된 것과, 예언서들이 모이고 수집된 때가 에스라-느헤미야 시대였다는 사실에 대한 기억을 보존하고 있다는 점을 말해줄 뿐이다. 그 시대에 예언서들이 수집되었다는 것뿐이지, 그것을 성서로 채택하여 율법서와 나란히 두었다는 말은 아니다. 예언서들이 정경으로 채택되기까지는 더 많은 시간이 걸렸다. 그렇다면 예언서는 언제 정경으로 인정되었을까?

먼저 다니엘서에서 추론을 얻을 수 있다. 다니엘서는 기원전 167년경에 나타난 책이라고 보는 것이 학계의 정설이다. 다니엘서는 확실히 예언의 성격을 가진 글이어서 예언서와 같이 나열되어야 할 책이다. 그러나 다니엘서는 히브리 원어 성서에서 언제나 성문서에 속해 있었다. 그렇다면 이것은 다니엘서가 나타날 무렵에는 이미 예언서들이 종결되고 확정되어 있었기에 아무리 훌륭한 내용의 예언서라 하더라도 그 이상 다른 것을 첨가할 수 없었다는 사실을 의미하지 않겠느냐는 것이다. 그러므로 예언서는 적어도 다니엘서가 나타난 기원전 167년경 이전에 성서로 인정되었다고 보아도 안전할 것이다. 따라서 기원전 2세기 초 구약성서에는 그 둘째 부분이 첨가된 셈이다. 즉 이때에 율법서와 예언서의 두 부분이 성서로 채택되어 있었다고 보아야 한다는 말이다.

4) 성문서의 형성

구약성서의 셋째 부분은 히브리 말로 '케투빔'(Kethubim)이라 하고, 헬라어로는 '하기오그라파'(Hagiographa, 거룩한 글)라고 한다. 이 성문서는 성격이 서로 다른 여러 책이 모여서 이루어졌기 때문에 율법서나 예언서와 같은 동질적 통일성을 갖고 있지 않다. 거기에 속한 책들이 개별적으로 대중의 수납(受納)에 의해서 성서로 간주된 것이지, 율법서나 예언서처럼 전체적으로 또는 공식 결정에 의해서 정경으로 들어오게 된 것이 아니다. 그것들은 오랫동안 성서라기보다는 종교 문학으로 간주되어 내려왔다. 그리고 그것들은 회당에서 예배드릴 때 예배 의식의 한 부분으로 낭독되기 위해서 생긴 것도 아니고, 또 그렇게 사용된 적도 없었다. 오히려 율법서와 예언서에 대한

비공식 부록으로서의 역할을 했다.

이렇게 성문서가 2차적인 성격의 것으로 간주되었다는 점은 구약성서를 보통 '율법과 예언자(선지자)'라고 호칭한 사실에서 알 수 있다. 신약성서에서만 하더라도 그러한 실례를 여러 개 찾을 수 있다. 예수께서 이런 말씀을 하셨다. "내가 율법이나 선지자를 폐하러 온 줄로 생각하지 말라 폐하러 온 것이 아니요 완전하게 하려 함이라."(마 5:17) "그러므로 무엇이든지 남에게 대접을 받고자 하는 대로 너희도 남을 대접하라 이것이 율법이요 선지자니라."(마 7:12) "율법과 선지자는 요한의 때까지요 그 후부터는 하나님 나라의 복음이 전파되어 사람마다 그리로 침입하느니라."(눅 16:16)

그리고 누가는 예수께서 모세와 모든 선지자에서부터 시작하여 성서 전체에 기록된 자기 자신에 관한 일을 제자들에게 설명해주셨다고 기록하였다.(눅 24:27) 비시디아 안디옥 회당에서도 낭독된 것이 율법과 선지자의 글이었고(행 13:15), 각 회당에서 안식일마다 모세의 글이 낭독되었다고도 기록하였다.(행 15:21) 예수께서 나사렛 회당에서 읽으신 것도 선지자 이사야의 글이었다.(눅 4:17)

이렇듯 회당에서 공중예배 시 낭독하는 책이 율법서와 예언서였으며, 율법서와 예언서는 곧 구약성서를 가리키는 말이었음을 알 수 있다. 여기서 우리는 성문서가 율법서나 예언서와 같은 수준에 서지 못했다는 것을 확실히 알 수 있다. 그렇다면 성문서에 속하는 11권의 책이 어떻게 해서 이스라엘의 성전(聖典), 곧 구약성서의 일부분이 되었는지 살펴보고자 한다.

과거 인쇄술이 없던 시절에는 일일이 손으로 써서 책을 만들었다. 그렇게 노고를 들여서 만들어야 했기 때문에 사람들에게 인기가 없거나 읽히지 않는 경우에는 오래가지 않아 그 자취를 감추게 되었다. 이런 사실에 비추어볼 때 성문서는 우선 일반 백성이 널리 알고 읽던 인기 있는 책들이었음을 알 수 있다. 그 책들이 없어지지 않고 계속 보존되었다는 것은 사람들이 그것들을 애독했다는 증거인 셈이다.

그리고 유대인들은 어떤 책이 성서가 되기 위해서는 우선 히브리어로 기록되어야 한다는 원칙을 가지고 있었다. 히브리어가 아니라면 적어도 아람어로라도 기록되어야 한다고 여겼다. 그리고 역사를 취급하는 책일 경우에는 그 역사가 반드시 히브리인 역사의 고전적 시대에 관한 역사여야만 한다고 생각하였다.

우리가 또 한 가지 기억해야 할 것은 기원전 450년 이래 유대인들 사이에서는 모든 참된 예언적 영감이 말라기에서 끝났고 하나님의 음성은 잠잠하였다는 확신이 있었다는 사실이다. 그러니까 어떤 책이든지 정경에 들기 위해서는 우선 에스라 이전에 기록되었어야 한다고 생각하게 되었다. 다시 말해서 어떤 책의 저자가 에스라 이후의 사람이면 그 책은 정경에 들 희망이 없었다는 것이다.

그러나 여기에도 한 가지 아주 재미있는 예외가 있다. 만일 어떤 책이 그 저자가 익명으로 되어 있어 누가 쓴 것인지 알 수 없는 경우이면서 사람들이 그 책을 매우 좋아하고 귀하게 여기면 그것을 과거의 어떤 위대한 인물의 책으로 돌릴 수 있었으며, 따라서 정경에 속할 수 있었다. 한 예로 『집회서』라는 책을 들 수 있다. 그 책은 아주 훌륭하고 위대한 책으로서 이미 정경에 들어 있는 어떤 책보다 도덕적 힘이나 영적 힘에서 더 우수하다는 사실을 부인할 사람이 별로 없었으나, 그 저자가 기원전 200년경의 예수 벤 시라라는 사람으로 알려져 있었기 때문에 정경에 들어가지 못했다. 하지만 성문서에 속한 여러 책이 실은 기원전 4세기 또는 3세기에 기록되었고 그중 한 책(다니엘서)은 기원전 2세기에 저술되었음에도, 그것들은 익명의 책이어서 저작자를 알 수 없기 때문에 과거의 어떤 위대한 인물이 쓴 책으로 돌릴 수 있었고 따라서 정경에 들어갈 수 있었다는 것이다.

그래서 룻기를 사무엘의 저작이라고 말하고, 모든 시편을 다윗에게로 돌렸다. 열왕기와 애가를 예레미야가 썼다고 말하였으며, 잠언과 전도서를 솔로몬의 글이라 하였고, 욥기를 모세가 썼다고 말하게 되었다. 에스라, 느헤미야를 에스라의 글이라고 하였으며, 역대기를 쓰는 데도 에스라가 관여했다고 보았다. 솔로몬의 아가는 실제로 솔로몬의 글이거나 혹은 적어도 히스기야 시대의 것이라고 말하였고, 에스더서는 그 '대회'(The Great Synagogue)의 회원들의 작품이거나 혹은 그들의 편집이라고 말하였다.

이와 같이 성문서에 속하는 책들이 정경으로 간주될 수 있었던 것은, 그것들의 절대적 가치가 인정되는 동시에 그것이 익명의 책들이어서 영감이 작용하던 옛 시대 인물들의 작품으로 취급될 수 있었기 때문이다. 다니엘서의 경우도 그렇다. 다니엘서가 실제로 등장한 것이 기원전 167년경이라는 것은 모두가 다 아는 사실이다. 그럼에도 포로 시대의 큰 인물인 다니엘의 실제적 기록이라고 간주되었다. 그렇게 해야만 그 책이 정경 속에 들 수 있기 때문이다.

지금까지 우리는 성문서가 어떻게 실질적으로 유대인들의 정경으로 간주되고 존경을 받게 되었는지에 관하여 살펴보았다. 그러나 그것들이 공식적으로 유대인의 성서로 채택되기까지는 역시 상당한 시간이 필요하였다.

『마카베오2서』의 서두에 실린 편지 가운데 느헤미야에 관한 진술이 있는데, 믿을 만한 내용인지는 확실하지 않으나 그 기록에 따르면 느헤미야가 왕들과 예언자들과 다윗의 책들을 수집하여 도서관을 만들었다고 한다. '다윗의 것들'(ta tou David)이라는 말은 다윗의 글 혹은 책이라고 보는 것이 가장 자연스러울 것이다. 아마 이것은 시편 수집의 큰 과정이 느헤미야에게서 시작되었다는 뜻일지도 모른다. 그러나 이는 어디까지나 가상의 판단에 불과하다. 구약성서의 셋째 부분의 존재가 명료하고 확실해지는 것은 우리가 『집회서』를 접하는 때이다. 기원전 132년경에 『집회서』의 원저자 예수 벤 시라의 손자는 할아버지의 책을 헬라어로 번역하고 거기에 서론을 써서 붙였다. 서론에서 그는 율법과 예언자들과 또 그들의 발자취를 따르던 다른 사람들로 말미암아 전수된 위대한 일들에 관해서 말하였다. 그리고 그의 할아버지가 어떻게 율법서와 예언서 또 조상들의 다른 책들을 연구하는 데 전념했는지에 관하여 말하였다. 그는 율법서, 예언서 그리고 나머지 책들에 대해서 언급하였다. 물론 그는 성문서(케투빔, Hagiographa)라는 술어를 쓰지 않았으며, 다른 책들이 무엇인지도 밝혀주지 않는다. 여기서 우리가 알 수 있는 것은 기원전 2세기경에 율법서와 예언서 외에도 다른 한 군(群)의 문서가 있었다는 것과, 그것들이 율법서와 예언서처럼 확실하게 규정된 것은 아니었을지라도 유대인들의 거룩한 문헌들 중 또 하나의 주요 부분을 구성하고 있었다는 사실이다.

다음으로는 신약성서에서 그 증거를 찾을 수 있다. 누가복음 24:44에 따르면 예수께서는 "내가 너희와 함께 있을 때에 너희에게 말한 바 곧 모세의 율법과 선지자의 글과 시편에 가리켜 기록된 모든 것이 이루어져야 하리라 한 말이 이것이라"라고 말씀하셨다. 여기서 우리가 알 수 있는 것은 시편이 율법서와 예언서 외의 또 다른 부류의 성서 부분에 포함되거나 다른 부류의 성서의 전형(典型) 또는 대표였다는 것이다. 여기서도 성문서가 비록 그 구성 내용을 밝히 드러내지는 않지만 그것이 존재하고 있었다는 증거만은 다시 한 번 확인할 수 있다고 본다.

1세기 말에 나타난 좀 더 뚜렷한 증거가 두 가지 더 있다. 『에스드라4서』라는 외경이 90년경 도미티아누스(Domitianus, 51-96) 황제 치하에 기록되었는데, 그에 따르면 이미 언급된 바와 같이 에스라가 구약성서 전체를 다시 썼으며 누구에게나 공개된 책이 24권이라고 한다.(『에스드라4서』 14:44-46) 유대인들의 계산법에 따르면 바로 이 24권이 현재의 구약성서 39권을 가리킨다.(과거에는 사무엘서가 상·하로 나뉘지 않고 한 책이었으며 열왕기, 역대기 등도 마찬가지였다. 그래서 그 수가 줄어든다.) 여기서 우리가 알 수 있는 것은 이 『에스드라4서』가 기록될 즈음에는 이미 성서의 목록이 확정되었다는 점이다. 다시 말해 율법서나 예언서에 속하는 책의 수가 확정된 만큼 성문서에 속하는 책의 수도 확정되어 있었다는 뜻이다.

다른 하나는 기원후 100년경에 저술 활동을 한 유대인 역사가 요세푸스의 증언이다. 요세푸스는 헬라인들이 상충되거나 상반되는 책을 많이 가지고 있는 것에 비해 유대인들은 오로지 22권만을 소유하고 있었다고 말했다. '22'라는 수는 룻기와 사사기를 한 책으로, 예레미야의 애가와 예레미야서를 한 책으로 간주해서 나온 것으로 보인다. 그는 모세의 책이 5권, 예언자의 책이 13권, 찬송 혹은 생활에 실제로 도움을 주는 교훈이 4권이라고 언급한다. 그가 말하는 예언서에는 다니엘서, 욥기, 역대기, 에스라-느헤미야서, 에스더서가 포함되어 있다. 그는 이렇게 성서의 범위를 말한 다음 성서를 취급하는 정신을 설명하였다. 즉 그 책들이 기록된 지 오래되었음에도 거기에 감히 한 음절이라도 더하거나 빼거나 변동시키는 사람이 없었고, 유대인은 출생한 날부터 그 책들을 하나님의 가르침이라고 생각해 그대로 행하며, 필요할 때에는 그것을 위해서 목숨이라도 즐겨 바치려는 본능을 가졌다고 하였다.(Josephus, *Against Apion* 1, 8) 그러므로 요세푸스 때에는 이미 성문서에 속하는 책들의 수가 가감될 수 없을 만큼 확정되어 있었다는 증거를 여기서 찾을 수 있다.

90년경 현재의 야파(Jaffa)에서 멀지 않은 해안 도시 얌니아(Jamnia)에서 유대 랍비들과 학자들의 권위 있는 회의가 열렸고, 그 회의에서 구약성서의 책들이 최종적으로 채택되어 오늘날 우리의 구약성서와 같이 결정되었다. 그 이후 여기저기서 몇몇 학자가 구약 책 중 어떤 것들에 대하여, 특히 성문서에 속하는 몇몇 책에 대하여 의심을 표한 일이 있었지만, 구약성서의 내용에 대해 정말로 문제를 삼거나 논란이 된 일은 전혀 없었다. 이렇게 구약성서는 근 천 년의 긴 역사를 거쳐서 한 권의 거룩한 총서로, 그리고 정경으로 결정되고 채택되었다.

부분적으로나마 논란의 대상이 되었던 책을 열거해본다면 우선 잠언을 들 수 있다. 잠언에는 확실히 난해한 윤리사상이 있고, 모순적인 요소가 있기 때문이다.(잠 7:7-20, 26:4-5 참고) 에스더서는 그 안에 하나님의 이름이 단 한 번도 언급되지 않는다는 점과, 에스더서가 말하는 부림절의 기원에 관하여 그것이 모세의 율법에 승인되거나 그 정당성이 언급되어 있지 않다는 이유로 논란이 되었다. 그 밖에 논란이 있던 책으로는 전도서와 솔로몬의 아가, 에스겔서 등을 들 수 있다.

여기서 우리가 알아야 할 것은 구약성서에 속하는 책들이 성서로서의 위치를 차지하게 된 것이 어떤 회의나 교회위원회의 결정 혹은 명령에 의한 것이 아니라는 사실이다. 그 책들이 하나님의 말씀이라는 것을 역사와 경험이 명백하게 그리고 효과적으로 증명해주었기 때문에 성서로 채택된 것이다. 얌니아 회의나 그 밖의 다른 회의에서 어떠어떠한 책이 구약성서에 들 수 있다고 결정할 때에는 이미 경험이 증명해놓은 것을 단순히 반복하고 확인하는 데 불과하였다. 그러한 회의가 이 책들을 성서가 되게 하거나 하나님의 말씀이 되게 한 것이 아니라, 사람들이 이미 그것을 하나님의 말씀으로 믿고 받아들이고 있었다는 사실을 단순히 시인하고 수락하였을 뿐이다. 구약성서의 책들이 성서로 받아들여진 것은 사람들이 그 책들 속에서 하나님을 만났고 하나님은 사람을 만나셨기 때문이다. 하나님이 그 책들 속에서 말씀하시는데 사람이 어찌 감히 그것들을 버릴 수 있겠는가.

이스라엘과 하나님은 계약을 맺은 관계에 있었다.

계약을 맺을 때에는 반드시
이를 기록한 책이 있어야 했는데,
그것이 곧 율법 책이요,
넓게 말해서 구약성서인 셈이다.

낡은 계약이 구약이라는 책을 가진 것처럼
그리스도와 맺은 새 계약에 따른
새로운 책을 요구한 것이다.
새 계약 시대에 신약성서가 나타나게 된 것은
자연스러운 일이라고 할 수 있다.

구약성서와 마찬가지로 신약성서도 여러 저자에 의해서 오랜 기간 기록된 책들이 길고 복잡한 역사 속에서 집대성되었다. 신약성서 역시 하늘에서 기록되어 고스란히 사람에게 떨어진 것이 아니고, 하나님께서 어떤 사람들에게 불러주어 기록하게 하신 것도 아니다.

그리스도교회는 본래 신약성서를 가지고 있지 않았고, 아니 그것이 아직 존재하지 않는 상태에서 출발하였다. 하나님은 구약 시대의 계시에 뒤이어 "이 모든 날 마지막에는 아들을 통하여"(히 1:2) 말씀하셨다. 다시 말해서 최종적이고 가장 효과적이며 또 가장 거창한 사건을 역사 속에 일으키셨다. 임마누엘, 곧 하나님이 우리 인간과 함께하시는 놀라운 사건이 바로 마지막 때에 우리에게 주신 하나님의 계시요 말씀이었다. 구약의 예언자들을 통해서 약속하신 대로 메시아가 나타나 지상에서 33년 동안 살며 선한 일과 놀라운 일을 하시고, 마침내는 죽고 부활하고 승천하시는 사건이 역사 속에 일어났다. 육체를 입으신 하나님의 아들 예수 그리스도의 입에서 나오는 말씀뿐 아니라, 그 모든 사건의 부분부분이 하나도 남김없이 인간을 향한 하나님의 말씀일 수밖에 없었다.

그리스도의 출현은 곧 "온 백성에게 미칠 큰 기쁨의 좋은 소식"(눅 2:10)이었고, 하나님께서 사람들에게 들려주시고 보내주시는 복음이었다. 그리스도의 출현과 그의 삶은 인간과 상관이 없거나 그저 또 하나의 평범한 사건이 아니라 하나에서 백까지 절대적으로 우리 인간의 운명과 관계를 가진 것이었다. 우리를 그 비참한 운명에서 건져주시기 위한 유일무이한 사건이며 말로 다 할 수 없이 귀한 것이기에 '가장 큰'이란 최상급 형용사를 가지고도 그 기쁨의 크기를 형용하기에 부족할 것이다.

이렇게 사건이 먼저 있은 후 하나님은 그의 '영'을 보내셨다. "그러나 진리의 성령이 오시면 그가 너희를 모든 진리 가운데로 인도하시리니 그가 스스로 말하지 않고 오직 들은 것을 말하며 장래 일을 너희에게 알리시리라."(요 16:13) 보혜사 성령이 사도들과 초대교회에 강림하심으로써 그리스도의 사건은 올바르게 이해되고 해석되었다. 성령의 운동을 통하여 교회가 설립되고 성장하고 확장되었다. 당시 초대교회는 그들 자신의 책이라고는 가진 것이 없었고 구약성서를 그대로 물려받았다. 예수께서 유대인이시고 그의 제자들도 모두 유대인이었을 뿐 아니라 예루살렘과 유대 지방의 초대교회가 유대인으로 구성되었기 때문에 자연히 구약성서가 그들의 성서일 수밖에 없었다. 구약성서를 경전으로 계속 가지면서 동시에 그리스도의 삶과 죽음과 부활이 주는 감격스러운 의미에 도취되었고, 성령의 감동과 지도를 받으면서 교회는 성장해갔다. 다시 말해서 교회는 신약성서의 어느 부분도 가지지 않은 채 오랫동안 발전해나갔다.

그렇다면 어떻게 해서 교회가 오랫동안 구약성서만을 가지고 만족할 수 있었으며, 그러다가 어떠한 이유로 신약성서를 기록하게 되었고, 또 그리스도인들이 쓴 많은 책 중에 유독 27권만이 신약성서에 포함되고 그리스도교 경전으로 채택되었는지는 우리가 생각해볼 문제이다.

예수는 책을 쓰신 일이 없으며 제자들에게도 그런 일을 명령하신 적이 없다. 그리고 신약 정경이 생기리라는 것을 암시하시지도 않았다. 그럼에도 불구하고 신약성서가 생겼고 그리스도교의 경전이 되었다는 것은 놀라운 일이다.

1) 1세기 교회에는 신약 정경이 필요하지 않았다

우리는 먼저 초대교회의 생활 형편을 살펴보아야 한다. 초대 그리스도인들은 이미 정경을 가지고 있었다. 구약성서는 그들의 신앙과 생활의 표준이 되는 정경이었다.(물론 기원후 90년경에야 비로소 구약 39권이 얌니아에서 정식 채택되었다.) 그러므로 그들은 또 다른 성서가 있어야 한다는 생각을 가지고 있지 않았다. 또한 그들은 구약성서에서 하나님의 계시를 보았고 하나님의 역사와 그리스도에 대한 약속을 찾아낼 수 있었다. 구약성서가 말하는 하나님의 뜻과 약속이 그리스도와 그의 교회에서 실현되고 성취된 것을 실제로 경험하였다. 따라서 구약성서에 대한 그들의 감격과 신뢰감은 더욱 두터워져 갈 뿐 무언가 부족하다는 느낌은 전혀 가지고 있지 않았던 것이다.

물론 그리스도인들은 그리스도의 사건으로 인해서 생겨난 사람들이다. 그들은 구약성서를 정경으로 가지고 있다는 점에서 일반 유대인들과 다름이 없었지만, 근본적인 차이는 문자 그대로 그들이 그리스도인이라는 점이다. 즉 그들은 그리스도의 사건에 관련되거나 그리스도와 관계를 맺은 사람들이었다. 그러므로 그들은 구약성서에 그리스도의 사건을 더해서 가진 사람들이다. 그들에게 구약성서는 이미 문서화된 성서였지만, 그리스도의 사건은 생생히 살아 있는 역사였다. 그리스도를 직접 목격하고 그의 말씀을 직접 들은 신자들도 많았을 것이고, 적어도 그 목격자들의 생생한 보고와 증언을 들으며 거기에 도취되고 감격하여 황홀한 생활을 하고 있었을 것이다. 그리스도가 이제 눈으로 보이지 않게 되었을 때에도 그가 살아서 그들 속에 활동하고 계신다는 것을 확실하게 느낄 만큼 그에 대한 기억은 새롭고, 감격은 벅찬 것이었다. 그러므로 그들은 그리스도와 그의 사업에 대해 기록할 필요를 조금도 느끼지 않았던 것이다. 그들에게는 구약의 약속과 예언이 있었고, 그것의 성취인 그리스도의 사건을 목도하거나 그들의 증언을 듣고 기뻐하는 것으로 충분하였다.

그리스도에 대한 증언이 구두로 전해져서 복음이 완전히 형성되는 과정에는 먼저 사도들과 일부 제한된 사람들만이 목격한 예수의 처형[十字架刑], 부활, 승천 등 예수 생애의 말기에 대한 사도들의 증언이 필요하였다. 그뿐 아니라 예수의 사건에 대한 사도들의 해석 또한 불가결한 요소였다. 신약성서의 계시는 단순히 예수의 사건 그 자체에서만 이루어진 것이 아니기 때문에 생애에 대한 사도들의 해석이 필요했다. 다시 말해서 예수 그리스도 안에서 행하신 하나님의 행동에 대한 사도들의 주요한 해석이 신약성서에 포함되어 있는 것이다. 그러므로 이런 해석이 문서화되어 신약성서가 형성되기 전에 사도들과 초대 그리스도인들의 구두 증언과 사색의 시간이 필요할 수밖에 없었다. 그리스도의 사건을 표면적으로 볼 때 기이하고 경탄할 만한 사실이기는 하지만, 도대체 그 사건이 무슨 뜻을 가졌는지는 알 수가 없었을 것이다. 그러므로 그 놀라운 사건에 대해서 자연히 질문이 나올 수밖에 없었다. 예수는 누구이며, 그는 왜 태어났으며, 그가 베푼 기적의 목적은 무엇이며, 그의 죽음과 부활의 뜻은 무엇인가 하는 여러 가지 의문에 대한 통일된 해석이 요구되었다. 이러한 일은 먼저 사도들이 곳곳에서 구두로 전도하며 예수를 증거하는 가운데 자연히 수반될 수밖에 없는 일이었다. 이와 같이 신약성서가 문서화되기 이전에 복음 사건에 대한 해석의 시대가 있었던 것이다.

신약 정경이 곧 나타나지 않은 또 한 가지 중요한 원인은 사도교회가 종말적 기대를 강하게 가졌다는 데 있다. 예수의 사건에서 하나님의 산 역사를 목격한 그리스도인들은 새로운 세계의 질서가 싹트기 시작한 것을 실감하였고, 부활하고 승천하신 그리스도가 곧 다시 오셔서 심판하시고 새 세계를 완성하실 것이라는 확신을 가지고 있었다. 그러므로 교회는 긴 앞날을 계획할 필요가 없었다. 다만 그리스도를 영접할 준비가 요구될 뿐이었다. 문서로 된 정경이 있어야겠다는 요구가 생기게 된 것은 그리스도의 재림에 대한 그들의 기대가 이루어지지 않고 그들의 세대에서 하나님 나라 실현의 희망을 포기할 수밖에 없는 상황에 이르렀기 때문이다. 바꿔 말해서 그들이 예수의 임박한 재림을 기다리는 동안은 영구 보존을 목적으로 하는 문서운동 같은 것은 생각할 필요가 없었다는 말이다.

또한 오순절에 성령강림의 사건이 있고 보니, 초대 그리스도인들은 종말적 분위기에 압도될 수밖에 없었다. 말일에 자신의 영을 남종과 여종에게 부어주겠다(욜 2:28-32)고 하신 하나님의 약속이 오순절에 성취되었다고 믿는 신도들로서는 자신들이 이미 종말 속에 살고 있다는 생각을 가질 수밖에 없었을 것이다. 성령의 인도를 받아 놀라운 효과를 실제로 거두고 있던 그들은 새로운 성서의 필요를 느낄 수 없었다. 성령을 통해서 그리스도의 사건을 바로 해석하고, 성령의 권능으로 담력을 얻고, 위로와 기쁨을 누리며, 기적을 행하였다. 그러므로 초대교회는 실상 구약성서나 어떤 신약 문헌에 의존하였다기보다 오히려 예수 그리스도와 성령을 통한 하나님의 계시와 구속 활동에 중점을 두고 있었음을 알 수 있다.

인쇄술이 발명되지 못한 그 시대에는 특수한 사정 이외에 글을 써서 남겨둔다는 것이 극히 어렵고 드문 일이었다. 또 당시의 습관도 아니었다. 대개 파피루스를 사용했지만 그것도 아주 진귀하고 비싼 것이어서 보통 사람들은 손쉽게 사용할 수 없었다. 이러한 경제적 이유도 있었지만 그와 더불어 당시 팔레스타인 지방에서는 모든 것을 구두로 전승하기를 좋아하는 관습이 있었다. 랍비들은 글쓰기를 싫어했고 수세기를 내려오면서 구두로 율법을 전수해주었다. 구전 법률이 문서화된 것은 기원후 8세기의 일이었으니, 그 많은 내용이(영어 번역으로 약 800쪽이나 되는 소위『미쉬나』라는 책) 수백

년 동안 구두로 전달된 셈이다. 이러한 풍습이 초대교회에도 있었을 것이므로 특별한 이유와 필요성 없이는 신약 문헌이 생겨날 수 없었으리라고 생각한다.

2) 구두 전승의 신빙성

그리스도교 복음이 구두로 전달되던 시대가 적어도 30년 이상 흘렀다. 제일 먼저 기록된 마가복음의 저술 연대를 기원후 60년 이전으로는 볼 수 없다는 것이 정설이라고 보면, 구전 시대는 적어도 한 세대 이상이었다고 보아야 할 것이다. 그렇다면 그동안에 복음의 내용이 이 사람 저 사람을 거쳐 전해지면서 어떤 면으로든지 변질되거나, 확대되거나, 왜곡되는 일이 있지 않았을까? 30년 후에 그것들을 문서화했다면 우리가 그 문서화된 복음의 내용을 그대로 신뢰할 수 있겠는가 하는 것이다. 사실 어떤 학자들은 이 문제에 대해서 부정적인 견해를 가지고 복음 기록의 신빙성에 대해 의심한다. 그러나 오늘날 우리가 가지고 있는 복음 사화들이 예수의 생애와 말씀에 대한 신뢰할 만한 기사라고 단정할 수 있는 두어 가지 근거가 있다.

(1) 옛날 사람의 기억력이 현대인과 비교할 때 상당한 차이가 있었다고 하는 것이다. 현대인들은 산적한 인쇄물 때문에 기억력을 많이 상실하였다. 우리는 어느 때든지 필요할 때 책을 참고하고 요구되는 지식을 얻어 적당하게 이용할 수 있는 시대에 살기 때문에 구태여 머릿속에 기억해두려고 하지 않는다. 현대처럼 컴퓨터가 발

달된 이후의 세대들은 더욱더 기억할 필요를 느끼지 않을 것이다. 그러나 과거에는 사람이 어떤 지식을 가지고 싶으면 머릿속에 기억해두는 것 외에는 다른 방도가 없었다. 또 책값이 비싸고 책을 만드는 일도 어려운 것이어서, 보통 사람이 책을 소유한다는 것은 쉬운 일이 아니었다. 그러니까 무엇이든지 기억해두는 습관이 있을 수밖에 없었다. 물론 과거에는 학문의 양도 오늘날보다는 훨씬 적었다. 현대인은 너무도 많은 것을 배워야 하기 때문에 머리가 복잡하여 옛 사람들처럼 한 가지에 몰두하여 기억하기가 어렵다. 그러나 주된 가족 형태가 핵가족이 아니던 시절의 할머니나 할아버지가 수많은 가족의 생일을 기억하시는 것을 보면 놀라지 않을 수 없다. 옛사람들은 『사서삼경』(四書三經)을 다 암송하였고 고대 히브리인들, 특히 랍비들은 성서를 거의 다 암송하고 있었다고 한다. 이와 같이 고대에는 한 번 들은 것을 잊어버리거나 왜곡하는 경향이 우리보다 훨씬 적었다고 볼 수 있다.

(2) 그보다 더 중요한 사실은 예수의 생애에 대한 이야기와 그의 교훈에 대한 모든 것은 사도들과 전도자들이 계속해서 설교하던 자료였다는 것이다. 예수의 이야기가 계속 반복되고, 설교할 때마다 사용되니까 자연히 자그마한 탈선적 표현도 곧 지적되고 공격을 받게 되었을 것이다. 특히 교회는 예수의 생애와 교훈에 최대의 권위를 두고 있는 터이므로 교회의 공통적 기억에 어긋나는 발언이나 해설은 바로 비난받을 수밖에 없었을 것이다. 다시 말해서 설교는 한 사람의 기억에 근거하는 것이 아니고, 회중의 공동 기억을 토대로 하는 것이었다. 그러므로 우리가 가지고 있는 복음 사화는 어떤

개인의 기억에 근거하여 이루어진 것이 아니라 교회의 기억, 즉 초대교회의 공동 기억에 근거하였다고 본다. 다시 말해서 오랜 구전 시대를 통과하면서도 그러한 공동 기억의 제지와 감시를 받으면서 내려온 것이기 때문에 어떤 개인의 주장에 의해서 변하거나, 조작되거나, 왜곡되지 않았다는 말이다. 물론 이것이 복음서 기자들의 해석의 자유를 무시한다는 의미는 아니다. 복음 사화의 기본 내용은 변하지 않았지만 복음서 기자들은 각각 그들의 신앙과 소견을 좇아 그리고 독자들의 형편을 참작하여 적절한 해석을 붙인 것이 사실이다. 어쨌든 예수에 대한 이야기와 그의 교훈은 아주 초기로부터 일정한 형태로 고정되어 거의 변함없이 구전 시대를 통과했다고 보는 것이다.

3) 구전 시대의 종결과 신약 문서의 형성 개시

역사는 흐르게 마련이다. 사도들과 예수 사건의 목격자들이 영구히 살아 있을 도리는 없었다. 70년경에는 사도 요한을 제외한 모든 사도가 죽어버렸고, 따라서 그들의 생생한 증언도 더 이상 들을 수 없게 되었다. 구전 시대는 끝날 수밖에 없었다. 구전 방법에 대응할 수 있는 방법은 글로 써서 전하는 것뿐이었다. 살아 있는 사도들이 직접 증거하던 것을 이제는 글로 적어서 문서로 증거하는 단계에 이르렀다. 교회사가(敎會史家) 유세비우스(Eusebius, c.263-339)는 복음서 기록에 관하여 이렇게 설명한다. 마태는 히브리인들에게 전도하다가 그들을 떠나 다른 사람들에게 전도하러 가려고 할 때 그의 복음을 기록하여 "자신이 거기에 있지 못하는 손실을 보상하였다."(『교회사』 3.24.5) 또 이레네우스(Irenaeus, 125-200)는 이렇게 말했다. "그들 베드로와 바울이 죽은 후에 베드로의 제자이며 통역자인 마가는 베드로가 설교한 것을 글로 써서 우리에게 주었다. 바울의 추종자인 누가도 바울이 설교하던 복음을 책에 기록하였다."(*Against Heresies* 3. I .1,2) 히에로니무스(Hieronymus / Jerome, 347-420)의 말에 따르면 요한은 죽기 바로 전에 다행히도 급히 서둘러서 그의 복음서(*The Prologue to the Four Gospels*)를 완료했다고 한다.

물론 이런 진술이 어느 정도 역사적 신빙성을 가졌는지는 알 수 없다. 그러나 복음을 문서화했다는 것이 그 큰 전도자들의 사별(死別)을 보상하기 위한 시도였다는 것을 보여준다고 말할 수 있다. 사도들의 살아 있는 음성이 사라지자 그것을 보충하고 대용하기 위해서 나타난 것이 바로 문서로 된 복음서들이었다.

그리스도교가 발전함에 따라서 팔레스타인의 경계를 넘어 헬라와 로마 사회로 번져가게 되었다. 그곳들은 유대 지방과 다르게 글을 쓰고 책을 출판하여 팔고 사는 일이 성행하는 사회였다. 이렇게 그리스도교가 문화적 세계로 확대되어 나갈 때, 기록된 문서의 가치가 얼마나 큰지를 자연히 인식하기 시작했을 것이다. 마가복음이 제일 먼저 로마에서 저술되고 발행되었다고 보는 것이 정설이라면, 그것은 우연한 사건이 아니라 당연한 일이라고 보아야 할 것이다.

초대교회의 선교 운동이 급속히 전개되어 갈 때, 기록된 말씀의 가치는 형언할 수 없을 만큼 고귀한 것이었으리라고 생각한다. 그리스도교가 요원의 불길처럼 소아시아와 유럽으로 전파되어 갈 때, 조급한 심정으로 땅끝까지 가서 증거하려는 선교사들과 전도자들은 한곳에 오래 머물러 있을 수가 없었다. 교회가 독립할 만큼 뿌리 박히기만 하면 곧바로 다른 지방으로 옮겨가야 하고, 또 박해로 인해서 부득이 떠나야 하는 경우도 있었다. 이런 경우에 제일 좋은 방법은 예수의 생애와 교훈을 글로 적어서 남겨두는 일이었을 것이다. 혹은 어떤 사정으로 전도자들 자신이 직접 가지 못하는 경우에도 문서로 된 복음을 전해줌으로써 대신하는 경우도 있었을 것이다. 이와 같이 전도 내용의 문서화는 선교 과정에서 불가피한 일이었다고 본다.

그리스도의 임박한 재림을 기다리면서 긴장된 생활을 하던 초대교회는 이미 수십 년이나 재림이 지연되는 것을 체험하면서 생각을 바꿀 수밖에 없었다. 즉 그리스도의 재림을 얼마나 더 기다려야 할지 알 수 없는 막연함 속에서 그들은 우선 현실의 문제에 주목하고 관심을 갖게 되었다. 이는 재림 신앙을 버린다는 것이 아니라, 지금까지 그 신앙 때문에 소홀히하던 장래의 교회 문제에도 주목하게 되었다는 말이다. 열렬한 재림 신앙을 가지고 구전적인 복음 내용만으로 만족하던 그리스도인들이 이제는 장차 올 교회를 위하여 문서로 된 말씀을 남겨야 한다는 생각을 하게 되었다. 재림의 희망이 먼 장래에 이루어질 것이라는 생각이 들면 들수록 교회의 생활과 사업에 문서화된 말씀이 점점 더 중요하게 되었던 것이다.

산 사람은 말을 하게 마련이다. 살아 있는 교회는 언제나 활동하며 의견을 발표할 수밖에 없다. 따라서 이단이나 탈선적 행동을 하게 될 가능성도 있는 것이다. 초대교회는 활발한 교회였고, 따라서 복음 전파에 열광적이었다. 반면에 복음을 오해하고, 곡해하고, 왜곡하는 사람들도 있었다. 많은 사람이 사사로운 계시를 주창하고, 자기들 나름의 복음을 가졌다고 주장하였다. 히에로니무스가 누가복음서의 서론에 관해서 말하기를 누가는 "너무 서둘러서 글을 쓴 자들을 정정하기 위해서" 복음서를 기록했다고 지적하였다. 즉 그들은 하나님의 영을 좇기보다 자기 자신의 영을 좇는 거짓 예언자들이었다는 것이다. 그러므로 교회는 거짓 복음과 왜곡된 신학과 비윤리적 윤리를 판단하고 가려내기 위해서 표준적이고도 공적인 문서 복음이 필요하게 되었다.

교회는 또한 호교적(護敎的)인 목적을 위해서도 문서가 필요하였다. 첫째로, 우선 유대인들에게 예수가 메시아였다는 것을 증거하기 위해서 예수의 생애에 대한 기록이 필요하였다. 즉 예수의 생애는 처음부터 마지막까지 구약 예언의 성취였음을 보여주는 기록이 있어야만 했다. 마태복음은 특별히 이러한 목적에서 기록된 문헌으로 보인다. 마태복음에 자주 나오는 '주께서 예언자를 통하여 하신 말씀을 이루려 한 것이다.'라는 말은 구약성서를 믿는 유대인들에게 예수를 증거하려는 목적으로 그 복음이 기록되었다는 것을 암시한다고 본다.

둘째로, 박해가 일어났을 때 우선 로마 정부나 로마인들에 대해서 예수가 선한 사람이었다는 것을 보여주기 위해서, 그리고 그리스도교는 건전하고 유익한 종교라는 것과 또 예수는 죄인이 아니며, 그리스도인들은 반정부세력이 아니라는 것을 확신케 하기 위해서 예수의 생애와 교훈을 문서화하는 것이 필요했다. 즉 정부의 공격을 받을 때 그것을 반박할 수 있는 문서화된 복음서가 필요했다는 말이다. 그러한 공적인 일뿐 아니라 개인적으로 박해를 받을 때에도 예수의 수난기사를 읽는다든가, 예수의 예고의 말씀과 그의 임재의 위로를 약속한 말씀을 읽음으로써 격려를 받으며, 고통을 참고 견딜 수 있었던 것이다.

셋째로, 전도자들이 이교 사회에서 전도할 때 전혀 사상이 다르고 이해가 다른 사람들에게 복음을 전하기 위해서는 사상 전달의 방법으로서 그 사회가 쓰는 개념과 어휘와 사고방식을 매개로 사용하는 것이 유리하다. 예컨대 사복음서의 서론이 교양 있는 헬라인들을 상대한 것이라고 본다면, 복음서 기자들은 그 대상에게 효과적인 전도를 시도한 사람이라고 볼 수 있다. 당시의 헬라 사람들은 이런 문서를 읽을 때 좀 더 쉽게 복음을 이해했을 것이다. 전도자들은 이를 이용하여 좀 더 효과적인 전도를 했다고 볼 수 있다.

교회는 여러 가지 어려운 문제를 겪게 마련이고, 교회 지도자들에게는 발생되는 문제를 해결해야 할 책임이 있다. 그때마다 예수의 적절한 말씀을 찾을 수 있다면 그 이상 좋은 해결책이 없었다. 예수의 교훈과 생애를 기록한 문서가 있어서 거기서 말씀을 인용할 수 있다면 그 말씀의 권위로 문제를 해결할 수 있었을 것이다. 그렇게 교회의 실제 문제를 해결하고 판단하고 표준을 찾기 위해서 문서화한 복음이 요구된 것이다.

초대교회는 무엇보다도 예수의 말씀을 가장 중요시하였다. 물론 유대인들은 매우 귀중한 교훈조차 구전으로 전승하는 것이 관습이었지만 교회가 더 넓은 세계로 확장되고 발전하게 되었을 때에는 예수의 고귀한 생애와 말씀을 잊어버리지 않기 위해서 기록을 할 수밖에 없었다. 고정적으로 보관하는 최선의 길은 글로 적어두는 일이었기 때문이다. 다시 말해서 예수의 말씀과 생애가 무엇보다도 귀중하며 잊어서는 안 되었기에 필연적으로 문서화할 수밖에 없었던 것이다.

이스라엘과 하나님은 계약을 맺은 관계에 있었다. 계약 유지의 기본 조건은 하나님의 율법을 지켜야 한다는 것이었다. 하나님이 은혜와 사랑으로 이스라엘을 택하셨으니 이스라엘은 하나님의 계명과 율법을 지켜야 했다. 계약을 맺을 때에는 반드시 이를 기록한 책이 있어야 했는데, 그것이 곧 율법 책이요, 넓게 말해서 구약성서인 셈이다. 이렇게 낡은 계약에도 책이 필요했듯 새 계약 역시 책이 필요했다. 낡은 계약이 구약이라는 책을 가진 것처럼 그리스도와 맺은 새 계약에 따른 새로운 책을 요구한 것이다. 새 계약 시대에 신약성서가 나타나게 된 것은 자연스러운 일이라고 할 수 있다.

초대교회는 성령의 역사가 아주 활발한 교회였다. 성령으로 예언하는 사람도 많았고 방언하는 사람도 많았다. 이런 일이 정도를 넘을 때 탈선적 행동이 나타나고 오히려 교회에 손해를 가져오는 일들이 생겨났다. 그래서 사도 바울은 고린도교회와 데살로니가교회에 주의를 준 일까지 있었다.(고전 12-14장, 살전 5:19-21) 실상 어느 것이 정말 성령의 감동으로 나오는 발언인지 알 도리가 없었다. 그러므로 불안정한 구두 발언보다는 좀 더 신뢰할 만하고 감정(鑑定)된, 성문화한 복음서가 요구되었다. 이를 표준으로 삼아 신도들의 예언 활동이나 방언 활동을 판단하고 규제하려는 것이었다.

신약 문헌의 대부분은 어떤 개체 교회 혹은 교회의 작은 단체를 위해서 기록된 것들이다. 그런데 이 교회들은 이러한 편지들을 반복해서 읽는 것이 생활의 여러 위기와 문제를 해결하는 데 크게 도움이 된다는 사실을 발견하였다. 사실 바울 자신도 이 편지들이 지정해서 보낸 교회뿐 아니라 더 광범위하게 사용될 것이라고 생각한 것이 사실이다. 실제로 바울이 골로새서를 라오디게아교회에서 읽히게 하고, 라오디게아에서 오는 편지를 골로새교회에서 읽으라고 명령한 것을 볼 수 있다.(골 4:16) 이렇게 성문화된 문헌들이 광범위하게 세력을 가지고 영향을 주었다는 실제 경험은 더 많은 문헌이 생겨나는 동기가 되었고, 마침내는 그 문헌들이 수집되고 널리 반포되어 결국 정경에 포함되는 데까지 이르게 된 것이다.

4) 복음의 형식

현재 우리가 가지고 있는 네 개의 복음서를 보면서 구전 시대에도 지금과 같은 형태로 전승된 것이 아닌가 하고 생각할지도 모른다. 그러나 사실 구전 시대에는 예수의 생애와 교훈이 단편적인 이야기로 전해졌다고 보는 것이 옳다. 가령 어떤 사도가 어느 곳에서 전도 설교를 한다고 하면, 예수의 생애에 관한 모든 내용과 교훈을 한 번에 처음부터 끝까지 이야기할 수는 없었을 것이다. 어떤 제목을 정하면 거기에 부합하는 몇 가지 이야기와 교훈을 이용하여 예증을 삼았을 것이고, 또 다른 교훈이 필요한 경우에는 또 다른 이야기를 이용했을 것이다. 이와 같이 하는 동안에 예수의 생애에 대한 토막 토막의 이야기와 교훈은 일정한 형태로 고정되는 결과에 이르렀을 것이다. 근래의 신약학자들은 이렇게 고정된 이야기와 교훈 자료를 몇 가지 형식으로 분류하여 취급한다.

첫째는 범례(凡例, paradigms) 혹은 경구(警句, apothegms), 또는 선언적(宣言的) 이야기(pronouncement stories)이다. 이 형식에 속하는 이야기들은 오로지 그 이야기들이 내포하고 있고 또 의도하는 어떤 고귀한 격언(말씀)을 위해서 보존되었다는 것이다. 그러니까 그 격언이 전적으로 중요성을 가졌고, 격언이 담긴 사건은 말씀에 대한 배경이나 틀에 불과하다고 말한다. 예컨대 안식일에 밀 이삭을 따 먹은 이야기(막 2:23-28)는 '안식일이 사람을 위해 있는 것이고, 사람이 안식일을 위해 있는 것이 아니다.'라는 말씀을 보존하기 위한 유일한 목적으로 존재한다는 것이다. 세리 마태를 부르신 이야기(마 9:9-13)는 오로지 '나는 의인을 부르러 온 것이 아니라 죄인을 불러 회개케 하려 함이다.'라는 말씀을 보존하기 위해서 존재한다. 세금을 바치는 이야기(막 12:13-17)는 '가이사의 것은 가이사에게, 하나님의 것은 하나님께 바치라.'는 말씀을 전수하려고 존재한다는 것이다. 이렇게 예수의 몇 가지 중요한 격언적 말씀을 보존하기 위해서 존재하는 토막 교훈들이 복음서에 산재해 있다고 본다.

둘째는 설화 또는 이야기(tale, Novelle)이다. 이야기들은 예수가 자연이나 사람에 대해서 기적적 능력을 구사하시는 광경을 묘사한다. 이는 예수의 어떤 격언적 말씀을 간직하려는 목적에서가 아니고, 어떤 뜻 있는 사건 그 자체를 기억하도록 하기 위해서 존재한다. 이 유형은 거의 예외없이 똑같은 형식을 따르고 있다. 먼저 병의 내력을 진술하고 나서 그 병을 고치는 이야기가 나오며, 끝으로 그 치유의 결과를 말한다. 연못가에서 전신불수 환자를 고치신 이야기(요 5:1-9), 시각장애인으로 태어난 사람의 눈을 뜨게 하신 이야기(요 9:1-7), 풍랑을 잔잔케 하신 이야기(막 4:35-41), 5,000명을 먹이신 이야기(막 6:30-44) 등이 다 그렇다. 이러한 이야기들은 예수께서 하신 말씀보다도 그가 행하신 일에 대한 이야기를 보존하기 위해서 있는 것들이다.

셋째는 교설(敎說, sayings)이다. 이것들은 어떤 전후 관계가 없이 독립적으로 보존된 예수의 말씀이다. 그리고 교훈을 목적으로 하는 여러 말씀을 수집해놓은 것이다. 이 형식의 가장 좋은 실례는 산상수훈이라고 할 수 있다. 이 경우에는 예수의 말씀이 아주 경구적(警句的)이고 기억하기에 매우 쉬운 것이어서 어떤 전후 관계라든가 이야기 같은 것을 배경으로 가져야 할 필요성을 느끼지 않는다. 단독적으로 있거나 연관된 다른 말씀들과 함께 나란히 수집되어 있을 뿐이다.

넷째는 성전(聖傳, legends)이다. 이것은 어떤 성인(聖人)이나 성소(聖所)와 관련된 비상한 사건들에 대해서 교훈할 목적으로 기록된 이야기들을 말한다. 이 형식의 가장 좋은 실례는 예수의 탄생과 유아 시절의 이야기이다. 이러한 이야기에는 언제나 비상(非常)한 요소가 포함되어 있으며, 비상한 인물이 관련되어 나타난다.

다섯째는 신화(myth)이다. 신화는 곧 사람의 언어를 가지고 근본적으로 진술할 수 없는 것을 인간의 언어와 인간의 그림으로써 진술하려고 한 이야기를 가리킨다. 예수께서 세례받으신 이야기, 변화산 사건, 예수께서 시험당하신 사건은 이러한 유형에 속한다.

학자들은 이와 같이 예수에 대한 이야기와 그의 교훈을 여러 형식으로 분류하고 있다. 이러한 여러 유형으로 초대교회에 유포되고 고정되어 있던 것이 복음서 기자들에 의해서 자료로 사용되었다고 보는 것이다.

5) 신약성서의 실제적 출현

구전 시대가 지나고 문서 운동이 시작되자 그리스도교 문헌이 우후죽순 격으로 사방에서 생겨나게 되었다. 누가는 자신보다 앞서 복음 사건을 저술하려고 붓을 든 사람들이 많았다는 사실을 말해준다.(눅 1:1) 히에로니무스는 자신의 사복음서 서론에서 다른 여러 복음서를 언급하였다. 『애굽인의 복음』, 『도마복음』, 『맛디아복음』, 『바돌로매복음』, 『열두 사도의 복음』, 『바실리데스복음』, 『아펠레스복음』 등이다. 히에로니무스는 또한 복음서들을 일일이 다 나열하자면 시간이 모자랄 정도라고 하였고, 그것들이 대개는 위험하고 이단적인 것이라고 지적하였다. 행전(行傳)도 여러 가지가 나타났다. 『도마행전』, 『안드레행전』, 『빌립행전』, 『베드로행전』, 『요한행전』, 『바울행전』, 『테클라행전』 등이다. 계시록의 경우 요한계시록 외에도 『베드로계시록』이라는 것이 존재하였다. 이 문서들 중에 몇

몇 문서는 비록 짧은 시간이기는 하지만 적지 않은 교회에서 성서로 수락되어 사용되었다. 물론 그것들을 전체 교회가 다 같이 수락한 것은 아니다. 그 실례로는 『열두 사도의 교훈』(소위 『디다케』라고 한다.), 『클레멘트의 제1로마서』, 『바나바서』, 『헤르마스의 목자』 등을 들 수 있다.

그렇다면 이토록 많은 문서 중에서 왜 어떤 것은 성서로 채택되고 어떤 것은 그렇지 못했을까? 무슨 이유로 어떤 것은 아주 자취를 감추었고, 또 어떤 것은 사사롭게나마 읽을 수 있도록 용납되거나 추천을 받았을까? 그리고 어떤 것은 마침내 완전히 신약성서로 채택될 수 있었을까?

그리스도교 사회에서 어떤 책에 권위와 명성을 부여하고 마침내 성서로 채택되도록 길을 열어준 것은 오직 한 가지 조건 때문이었다. 바로 그 책이 교회의 공중예배에서 읽혀야 한다는 것이다. 일단 공중예배에서 낭독되기 시작하면 그것은 보통 문서들 중에서 두각을 나타내고 특별한 존재로 취급을 받았다. 어떤 책이 공중예배에서 낭독된다는 것과, 그것이 정경이 된다는 것은 거의 같은 의미를 지녔다. 그러나 어떤 책을 공중예배에서 읽어야 하는지를 누가 결정할 것이냐가 문제였다.

초대교회는 성령 충만이라는 특징을 가지고 있었다. 당시에는 성령의 사람들이 있었다. 예언자들과 사도들과 교사들이 그런 사람들이었다. 그들이 어떤 결정을 내리면 사람들은 그 결정에 복종해야만 했다. 그들은 신앙생활을 감시하는 보초병이요 파수꾼이어서, 무엇이든지 신앙을 해치거나 왜곡하거나 사람의 마음과 사상을 바른길에서 이탈시키는 것이 있으면 발견한 즉시 경고했다. 그러므로 어떤 문서가 나타났을 때 그것을 승인하거나 거절하는 것은 그들의 책임이요, 또 권리이기도 하였다. 교회의 공중예배에서 무엇을 읽고 무엇을 읽지 말아야 할지 결정하는 것은 이와 같이 성령의 인도를 받는 성령의 사람들의 일이었다.

이렇게 어떤 개인이 성령의 감동으로 사리를 바로 판단해주는 일이 있었을 뿐 아니라, 그리스도인 회중이 그리스도의 공동체로서 회집할 때, 그리고 특히 교회가 그러한 의식(意識)을 가지고 있을 때 그들은 언제나 성령의 감화 아래 모이고 행동하고 결정한다는 의식을 깊이 가지고 있었다.

바울은 어떤 사람을 책벌하는 일에 대해서 판단을 내릴 때 '나로 말하면 몸으로는 떠나 있으나 영으로는 함께 있으니, 실제로 여러분과 같이 있는 것이나 다름없어서 우리 주 예수의 이름으로 그런 일을 행한 사람을 이미 심판해 버렸습니다.'(고전 5:3)라고 말했다. 클레멘트는 고린도인들에게 편지하면서 '우리가 말한 것은 하나님께서 우리를 통해서 말씀하신 것입니다.'(『클레멘트1서』 59)라고 했으며, '우리는 성령을 통하여 말하고 또는 씁니다.'(『클레멘트1서』 63)라고 덧붙였다. 사도행전의 기자는 예루살렘 회의의 결정이 선포될 때 '성령과 우리가 결정하였다.'(행 15:28)는 말을 첨가하였다. 그러므로 교회는 자체의 공중예배에 어떤 책을 사용할 것인지, 또 어떤 책을 인정할 수 있는지를 결정할 수 있었다. 그리고 그와 같이 어떤 책이 교회에 의해서 승인되는 것은 자연히 그 책을 마침내 성서로서 채택하게 하는 첫 단계가 되는 것이었다.

이렇듯 성령의 사람과 성령의 감동 아래 교회가 어떤 책을 취사선택했다고 가정하자. 그렇다면 그들은 무엇을 표준으로 하여 책들을 취사선택하였을까? 아무런 표준도 없이 제멋대로 판단할 수는 없었을 것이다. 그 표준은 두말할 것 없이 그 책이 사도적 권위를 가졌는가 아닌가에 있었다. 다시 말해서 그것이 어떤 사도의 저술이거나, 아니면 적어도 사도들과 직접 접촉한 사람이 쓴 글이라야 한다는 것이다.

6) 사도적 권위의 정당성

초대교회가 사도적 저작권을, 정경을 선정하는 표준으로 삼은 것은 너무도 당연한 일이다. 우선 교회에서 사도들은 어느 누구도 가질 수 없는 권위를 가지고 있었다. 히브리 사상에서, 보냄을 받은 자는 어떤 의미에서 보낸 자와 동등하다고 생각되었다. 그래서 하나님께로부터 보냄을 받은 예수는 그를 보내신 하나님과 동등하며 예수가 보내신 사도들도 예수와 동등하다는 생각을 할 수 있었다. '사도'라는 말 자체가 곧 '보냄을 받은 자'라는 뜻을 가지고 있기 때문이다. 사도는 예수의 최고 대표자들이요, 그의 메시지를 전하는 최고의 기관이요, 그의 목적의 해석자로서 마땅히 존경받을 사람들이었다. 예수께서는 '내게 주신 왕권을 너희에게 준다.'(눅 22:29)고 말씀하셨고, '너희를 영접하는 자는 나를 영접하는 것이다.'(마 10:40)라고도 말씀하셨다. 그러므로 사도들의 말을 예수의 말씀처럼 권위 있게 존중하는 것은 당연했다.

그리스도교는 사실의 종교이다. 하나님께서 역사적 정황 속에 들어오셨다는 사실 위에 세워진 종교가 바로 그리스도교이다. 그러므로 제일 중요한 문제는 이 사실이 참이냐 하는 것이었다. 초대교회에서는 이 문제가 매우 중요하였다. 당시 영지주의자(靈智主義者)들과 같은 많은 이단 종파가 일어나서 자기들은 그들 나름의 계시를 가지고 있노라고 주장하였다. 바실리데스라는 사람은 베드로의 통역이었다고 하는 글라우키아스(Glaukias)로부터 특별한 정보를 얻었다고 주장하였고, 발렌티누스는 그의 그리스도교가 바울의 친구였다고 하는 테오다스(Theodas)를 통해서 왔다고 주장하였다. 또 어떤 사람은 예수가 친히 몇몇 택함받은 사람들에게 주신 사사로운 계시에서 자신만의 고유한 교훈을 얻었다고 주장하였다.

이와 같은 그리스도교 이단들의 주장은 제쳐두고라도 이방 세계에서도 신들이 죽었다가 다시 살아났다는 이야기를 얼마든지 찾을 수 있다. 신비 종교가 모두 그러한 이야기를 가지고 있으며, 이방 신화에도 그런 유의 이야기가 가득하다. 여기서 자연히 질문이 생긴다. 그렇다면 예수도 죽었다가 살아나는 여느 신들 중 하나에 불과하단 말인가? 예수는 단지 일개 신화의 중심인물에 지나지 않는가? 아니면 그가 사실적인 인물로서 그에 대하여 말하는 사건들이 정말 역사에 실재한 일이었을까? 여러 질문이 생길 수밖에 없다.

이러한 난제를 해결할 수 있는 유일한 길은 목격자들의 증언을 듣는 것밖에 없었다. 그 일을 할 수 있는 사람은 바로 사도들뿐이었다. 예수를 직접 보고 그의 말씀을 직접 듣고, 그의 죽음과 부활을 목도한 사람들이 곧 사도들이었기에, 그들의 증언과 그들의 글은 권위를 가지기에 마땅하였다. 이와 같이 어떤 책을 판별할 때 그것이 사도의 글이냐 아니냐 하는 표준을 가지고 했다는 것은 참으로 잘한 일이고 또 옳은 일이다. 테르툴리아누스(Tertullianus)가 복음서들을 설명할 때에도 이런 표준을 가졌음을 알 수 있다. 마태복음과 요한복음은 이미 그 명칭에 사도의 이름이 붙어 있기 때문에 사도적 저작권에 아무런 문제가 없었다. 그러나 마가복음과 누가복음은 어떠할까? 테르툴리아누스는 이렇게 말했다. "마가가 편찬한 것은 마가가 베드로의 통역이었으므로 베드로의 것이라고 주장할 수 있으며, 누가의 기록에 대해서는 사람들은 그것을 습관적으로 바울에게 돌렸다." 그러므로 우리가 마가복음이나 누가복음을 수락하는 것은 사도들과 직접 사귄 사람들이 썼다는 데서 그 권위를 인정하기 때문이다.

이처럼 어떤 책이 신약성서 정경에 들기까지는 여러 단계를 거쳐야만 했다. 우선 그것이 기록되어야 하고, 그 기록된 책이 교회에서 널리 읽혀야 한다. 그다음 그리스도인의 생활과 교리에 유용한 것으로 인정되고 수락되어야 한다. 그리하여 교회의 공적인 예배에서 낭독되는 것이 되고, 그것을 어떤 지방에서만이 아니라 온 교회가 채택하고 수락해야만 한다. 끝으로 교회의 결정에 의해서 공식적으로 승인을 받아야 한다. 그러므로 이제는 신약성서가 집성되는 실제 과정을 좀 더 상세하게 검토해보자.

7) 바울서신의 집성(集成)

신약 문서들 중에서 제일 먼저 기록된 것이 바울서신이고 또 제일 먼저 하나의 책으로 수집된 것도 바울서신이다. 바울서신들은 100년경에는 이미 한 책으로 수집되어 널리 알려졌고, 또 수납된 것이 확실하다. 그러나 어떤 이유로 바울의 편지들이 먼저 수집되고 모든 교회의 공동의 소유가 되었는지 생각해볼 때 놀라운 생각을 가지지 않을 수 없다.

바울은 거의 모든 경우에 특정 지방의 잠정적인 형편을 고려하면서 글을 썼다. 무지하고 위험한 이단사상이 대두되거나 실제적인 문제가 일어나 특정 교회의 평화를 위협하는 경우가 생길 때, 바울은 직접 찾아가서 그 모든 문제를 일일이 해결해줄 수가 없었다. 그래서 그런 잘못된 생각을 가진 자들과 대항하기 위해서, 실제 문제에 좋은 해결책을 제시하기 위해서, 교회의 화평과 통일을 유지하기 위해서 편지를 써 보낸 것이다.

바울이 쓴 편지들은 어떤 서재나 도서관에서 조용히 앉아 연구하여 작성한 신학 논문과 같은 것이 아니다. 어떤 특정 시간에 어떤 특정 교회가 당면한 급박한 정황을 취급하려는 목적에서 기록된 것들이다. 다이스만(Deismann)이 말한 바와 같이 "바울은 기존의 유대인 서한들에 몇 개의 새로운 글을 첨가하려는 따위의 생각은 전혀 없었고, 자기 나라의 거룩한 문학(성서)을 보충하겠다는 생각은 더구나 없었다. …그의 말이 세계 역사에서 어떤 자리를 차지하리라는 예감 또한 전혀 가지고 있지 않았고, 다음 세대에까지 그것이 남아 있으리라는 생각도 전혀 없었을 것이며, 앞으로 사람들이 자기의 말을 성서라고 하여 우러러보리라는 생각은 꿈에도 하지 않았을 것이다."

그뿐 아니라 바울은 편지들 가운데 특별히 자신이 사람 이상의 존재가 아니라는 것을 독자들에게 특별히 상기시키는 때가 종종 있었다. 로마인에게 글을 쓰면서 '나는 인간적 방법으로 말합니다.'(롬 3:5)라고 하였고, 고린도인에게는 '처녀들에 대하여는 내가 주께 받은 명령이 없으므로 내 의견을 말하려 합니다.'(고전 7:25)라고 하였으며, 또 '지금 내가 하는 말은 주의 지시대로 하는 말이 아니라 어리석은 자처럼 자기 자랑에 대하여 확신을 가지고 하는 말입니다.'(고후 11:17)라고 밝혔다.

더욱 놀라운 사실은 만일 우리에게 사도행전밖에 없다면 바울이 편지를 썼다는 사실을 알 도리가 없었을 것이라는 점이다. 바울을 숭배하며 따라다니던 누가가 사도행전 13장 이하에서 바울의 전기를 전적으로 썼지만, 바울이 편지를 썼다는 이야기는 한마디도 하지 않았다. 그리고 때로는 바울 자신도 자기의 편지들이 정말 모든 사람에게 읽혀질 것인지에 대해서 확신이 없었던 것 같다. 데살로니가로 편지를 써 보내면서 '내가 주의 이름으로 여러분에게 간청합니다.(enorkizo) 이 편지를 모든 형제들에게 읽어주시오.'라고 간곡히 부탁을 한 것으로 보아 그의 심정을 짐작할 수 있다. 고린도교회로 간 편지 중에 적어도 한두 개는 현재 남아 있지 않은 것이 사실이다.

이러한 사실에도 불구하고 바울의 서신들이 한 책으로 모이고 온 교회의 귀중한 소유물이 되어 마침내 성서로서의 권위를 가지게 된 것은 어떻게 된 일일까? 여기에 대해서 두 가지 설을 살펴볼 수 있다. 먼저 자연적으로 수집되었다는 설이다. 어떤 교회가 바울에게서 온 편지를 간직하고 애독한다. 그 이웃 교회 역시 바울의 편지를 받았고 또 그 사실이 첫째 교회에 알려진다. 그러면 그 이웃 교회가 서로 편지의 사본을 청하여 가진다. 이런 방식으로 점점 편지가 수집되어 나간다. 장소에 따라 각 교회가 얻을 수 있는 편지의 수효는 다소 차이가 있었겠지만, 1세기 말에 가서는 바울의 서신이 모두 한 책으로 수집되기에 이르렀다는 것이다.

그런데 기원후 90년 이전에 생긴 글에서는 바울의 편지에 대해서 언급하거나 참고한 흔적이 전혀 없는 반면, 90년 이후의 글에서는 바울의 편지가 많이 인용되고 그것을 익숙히 알고 있다는 증거가 뚜렷이 나타나 있다. 위의 학설은 이에 대한 이유를 설명해주지 못한다. 즉 90년 이전에 기록된 공관복음서나 심지어 바울의 제자인 누가의 복음서에서도 바울의 언어나 사상의 흔적을 찾아볼 수 없다. 그러나 90년 이후에 기록되었다고 보는 사복음서, 야고보서, 베드로후서, 요한서신 등에는 바울의 사상과 언어에 친숙해보이는 증거가 다분히 들어 있다. 어째서 기원후 60년부터 90년 사이에는 바울의 편지에 대한 언급이 없을까?

이에 대해 미국의 굿스피드(E. J. Goodspeed)와 녹스(John Knox), 영국의 미턴(C. L. Mitton)이 새로운 학설을 내세웠다. 그들은 다음과 같이 주장하였다. 바울의 편지들은 오랫동안 망각된 상태에 있었고, 교회에서 별로 사용되지 않거나 전혀 사용되지 않았다. 그래서 교회의 문서 창고에 처박혀 먼지로 뒤덮인 채 빛을 보지 못하고 있었다. 그렇게 잊혀진 채 한 세대가 지나가고 갑자기 기원후 80년에서 90년 사이에 사도행전이 기록되고 발표됨으로써 그동안 망각되어 있던 바울의 모습이 돌연 교회에서 각광을 받게 되었고, 초대교회에서 영웅적 존재로서 그 누구보다도 중요한 인물로 등장하게 되었다는 것이다. 그때부터 이 비범한 인물과 관계된 것은 무엇이든지 즉각 귀중한 것으로 여겨지게 되었다. 그의 유물이라면 하나도 남김없이 수집하려고 노력하게 되었다. 또한 그가 쓴 것은 남김없이 이를 되찾아 연구하고 존중히 여겼다. 이와 같이 사도행전이 발표된 것을 계기로 바울의 편지들이 수집되고 발표되었다는 것이다.

이 학설이 매우 그럴듯하기는 하지만 그것이 사실이라고 단정할 수 있는 사람은 아무도 없다. 어쨌든 90년 이후로 갑작스럽게 그리스도교 사회에 많은 편지가 쏟아져 나오기 시작한 것은 사실이다. 요한계시록은 일곱 교회에 보내는 편지로 시작한다. 어째서 일련의 편지를 한 책의 서두로 삼게 되었을까? 어째서 소아시아 여러 교회로 보내는 편지를 이렇게 한곳에 모아 놓았을까? 이것은 혹시 당시에 편지를 모아 한 책으로 묶어 발표하는 전례가 있었음을 암시하는 것이 아닐까? 히브리서, 야고보서, 유다서, 요한서신 등은 사실 편지라고 하기보다는 편지 형식을 가진 논문이라고 해도 과언이 아니다. 이것은 결국 당시에 편지를 써 내는 것이 하나의 유행처럼 되어 있었다는 것을 말해주는지도 모른다. 어쨌든 클레멘트가 고린도로 가는 편지를 쓴 것이 그 후 얼마 지나지 않았을 때의 일이고, 폴리카르푸스가 이그나티우스의 일곱 편지를 모아 발행한 것이 같은 시대의 일이다. 이와 같이 기원후 90년을 넘어서면서 편지 쓰는 일이 전염병처럼 유행한 것은 확실해 보인다.

8) 바울서신 집성의 장소와 책임자

바울서신이 집성된 장소는 아무래도 에베소인 것 같다. 바울이 자유로운 몸으로 전도하던 시절에 에베소만큼 오랫동안 체류한 곳이 없었다. 그곳에서 그는 3년이나 머무르면서 전도하였다. 일곱 편지를 실은 요한계시록이 에베소에서 발표되었으며, 바울 사상에 영향을 받은 것으로 보이는 요한서신 역시 에베소에서 기록되었다. 이그나티우스의 편지가 집성된 곳도 소아시아였다. 이러한 여러 가지 면을 살펴볼 때 에베소야말로 바울의 편지들이 집성되기에 가장 적합한 곳이었겠다고 추측된다. 다시 말해서 바울의 감화를 제일 많이 받은 고장이 에베소라고 본다면, 그에 대한 관심도 에베소가 제일 컸으리라고 생각된다.

굿스피드와 미턴 같은 학자는 에베소서를 바울의 글로 보지 않고 바울의 제자가 쓴 글이라고 주장하는데, 바울의 여러 편지 특히 골로새서에서 감화를 받은 바울의 제자가 바울서신을 모아서 그에 대한 머리말과 서론격으로 쓴 글이 곧 에베소서라고 말한다. 이 학설의 옳고 그름은 단언할 수 없다. 다만 바울서신이 집성되어 발간된 것이 사도행전 출판에 뒤이어, 즉 90년경 에베소에서 된 일이라고 보는 것이 옳겠다는 것뿐이다.

그러면 이 뜻있는 작업이 누구에 의해서 이루어졌을지에 대한 질문이 남는다. 우리는 이 문제에 대해서도 확답을 얻을 만한 역사적 증거를 가지고 있지 않다. 그저 또다시 상상의 영역에서 추리해 볼 뿐이다. 여기에서도 굿스피드와 녹스의 설이 아주 매력적이다.

바울서신 중에서 형식이 일반적이지 않은 서신을 하나 발견할 수 있는데 바로 빌레몬서이다. 이것은 매우 짧은 개인적인 편지인데, 히에로니무스 같은 사람은 이 서신이 성서에 포함된 것을 이상하게 생각할 정도였다. 그러면서 이상하게 여겨지는 이 서신이 서한집에 들어 있는 것은 합당한 이유가 있었을 것이라고 말한다. 존 녹스는 그 이유를 이렇게 설명한다. "빌레몬서가 그 서한집 속에 포함된 것이 파격적이면 파격적일수록 그것이 실제로 포함되어야만 하는 중요한 이유가 반드시 있었으리라고 생각된다. 빌레몬서가 부적당하게 보인다는 사실 자체가 바로 그 원(原)편집자에게는 아주 정당한 이유가 있어서 그것을 포함시켰을 것이라는 증거가 되는 것이다. 우리가 만일 그 이유를 안다면 바울의 편지들을 출판한 데 대한 매우 중요한 어떤 사실을 알게 될 것으로 믿는다." 이와 같이 일반적인 형식을 따르는 편지들과는 아주 다른 이 작은 편지를 그 서한집에 포함시킨 이유를 우리는 알 수 있을까?

빌레몬서는 빌레몬의 집에서 도망한 종 오네시모를 주인에게 돌려보내면서 쓴 편지이다. 객지에서 바울을 만난 오네시모는 바울과 같이 있으면서 그에게 아주 친근하고 유용한 존재가 되었다. 그래서 바울은 빌레몬에게 이러한 청을 하였다. "그를 내게 머물러 있게 하여 내 복음을 위하여 갇힌 중에서 네 대신 나를 섬기게 하고자 하나 다만 네 승낙이 없이는 내가 아무 것도 하기를 원하지 아니하노니 이는 너의 선한 일이 억지 같이 되지 아니하고 자의로 되게 하려 함이라."(몬 1:13-14) 이러한 편지를 받은 빌레몬이 오네시모를 바울에게로 돌려보내어 그를 돕고 시중들게 했을지도 모른다. 그랬다면 오네시모는 바울의 오른팔처럼 일하고, 그에게는 꼭 필요한 존재였을 것이다.

그때부터 약 50년이 지난 후, 그러니까 오네시모가 50년 뒤에도 살아 있었다면 꽤나 나이가 들었을 것이다. 이그나티우스가 투기장(鬪技場)에서 짐승들과 싸우기 위해 로마로 끌려가면서 에베소교회로 편지를 하였는데, 그 내용에 에베소 감독을 가리켜 '형언할 수 없을 만큼 자애스러운 사람, 곧 여기 이 세상에 있는 동안 너희의 감독'(Ignatius, *Ephesians* 1:3)이라고 하였다. 그 감독의 이름이 오네시모였다. 즉 에베소에서 바울 서한집이 생기던 때의 감독인 오네시모와 빌레몬의 종이던 오네시모가 같은 사람이지 않겠느냐는 것이다.

자신 있게 그렇다고 말할 수 있는 사람은 아무도 없다. 그러나 있을 수는 있는 일이다. 만일 그 두 사람이 동일인이라면, 이런 추측을 해볼 수 있다. 사도행전이 나타남으로써 바울의 많은 모습이 교회에 드러나고, 따라서 그 위대한 인물과 관련된 모든 것을 수집하고 보관해야겠다는 각성이 생겼을 때, 에베소의 오네시모는 자기가 사랑하고 또 자기를 사랑해주던 윗사람 곧 바울의 편지들을 모아 출판하는 일에 착수했을 것이다. 그 서한집에 오네시모는 고의로 빌레몬서를 포함시켰다. 그 이유는 그 편지가 자기를 가리켜 도둑질하고 달아났던 노예라고 말했기 때문이다. 즉 오네시모는 '내가 어떤 사람이었는지, 또한 그런 사람이 예수 그리스도를 만나서 어떤 변화를 가져왔는지 보라.'고 하는 듯이 자신의 수치스러운 과거 기록을 의도적으로 그 서한집에 넣었다는 것이다. '그리스도께서 내게 이와 같이 하셨으니 너희에게도 그렇게 하실 것이다.'라는 교훈을 주기 위해서 그랬다고 볼 수 있다. 이러한 설명은 물론 한낱 추측에 지나지 않는다. 그러나 추측으로만 여기기에는 설득력이 있고 또 그것이 사실이기를 바라는 마음이다.

이 두 번째 설의 난점은 바울의 편지들이 어째서 30년 동안이나 그 수신지 외에서는 사용되지 않고 있었는지에 대한 부분이다. 그러나 그럴 수는 없었을 것으로 보이는데, 바울 자신이 소아시아의 교회들에게 자신의 편지를 서로 교환하여 읽으라고까지 권한 일이 있기 때문이다.(골 4:16) 그러므로 그러한 교환이 계속되고 점점 다른 교회에까지도 퍼져나갔으리라고 추측하는 것이 자연스럽다.

미국 침례교 학자 데이나(H. E. Dana)는 바울의 사망이 그의 서신을 수집하는 계기가 되었을 것이라고 설명한다. 즉 바울이 죽음으로써 이제는 그의 음성을 들을 수 없게 되었지만 그의 음성 대용으로 그가 남긴 편지들을 모아서 읽게 되었을 것이다. 이렇게 바울의 사망이 동기가 되어 다시 바울의 글을 읽게 되고, 그것을 수집하기에 이르렀다는 것이다.

우리는 이러한 여러 가지 연구를 종합적으로 참고하여 이렇게 말할 수 있다. 바울이 살아 있는 동안에 이미 소규모로 진행되어 왔고, 그의 사망으로 말미암아 자극을 받아 좀 더 활발하게 전개된 서한 수집 작업이 사도행전 발행 후에 한층 본격화하여 종결되었다고 보는 것이 어떨까? 이렇게 하나의 책으로 수집됨으로써 마침내 정경으로 채택되는 결과에 더 가까워진 것이 사실이다.

9) 복음서의 형성과 집성

죄로 인해 죽을 인생을 구원하기 위해서 사람의 몸을 입고 찾아오신 하나님의 성육신 사건은 그 자체로 복된 소식이요 기쁜 소식 곧 복음이었고, 그에 대한 가르침 또한 복음이었다. 이 복음은 우선 구두로 전달되었고, 전도자들과 교사들에 의하여 직접 선포되었다. 그러나 이와 같은 구전 시대는 지나갔다. 그렇다고 해서 현재 우리가 가지고 있는 복음서들이 한 번에 기록되어 나타난 것도 아니다. 따라서 복음서들이 오늘의 형태로 나타나기 전에 예수의 교훈을 모아놓은 일종의 문헌자료가 있었을 것이라고 본다.

예컨대 현재 학자들이 이름 붙인 Q자료 같은 것이 있어서 마태나 누가가 복음서를 쓸 때 자료로 사용했으리라는 것이다. Q라는 것은 본래 자료라는 뜻을 가진 독일 단어 'Quell'의 첫 글자로, 공관복음 특히 마태와 누가의 두 복음에서 공통적으로 발견되는 예수의 교훈이 어떤 동일한 자료에서 왔으리라는 생각에서 끌어낸 가상의 자료이다. 그러나 그 개연성은 아주 짙다. 또한 Q 외에 증빙서(Testimonia)라고 해서, 예수의 생애에서 성취된 구약 예언들을 모아놓은 성구집이 있었다고도 본다. 이와 같은 자료 문서들 외에도 누가가 그의 복음서 서두에서 암시한 것처럼 크고 작은 수많은 복음서가 유포되고 있었고, 누가는 그 어느 것에도 만족하지 않았으므로 자세히 상고하며 순서대로 잘 엮으려고 노력했다는 것이다.

이렇게 신약에 나타난 사복음서가 기록된 후에도 많은 복음서가 교계에 난무해 오히려 교회에 혼란을 조성했던 것으로 보인다. 많은 거짓 복음과 유해한 사이비 복음서들이 나돌고 있던 것이 사실이다.

그러한 문서들 가운데 어떻게 해서 사복음서만이 남게 되었는지 그 과정을 우리는 알 수 없다. 처음부터 사복음서는 하나님의 진리와 그 영이 깃든 책이어서 정직하게 진리를 탐구하는 독자들에게는 무언중에 감화를 주고, 따라서 영과 영이 통하는 가운데 자연히 진정한 복음으로 받아들일 수 있게 되었다고 볼 수밖에 없다. 어느 누가 시켜서가 아니라, 복음서 자체가 지닌 진리성과 권위가 독자들을 압도하고 감동시켜서 하나님의 말씀으로 받아들이도록 만들었으며, 그렇지 못한 사이비 문서들은 자연히 도태당하고 말았다고 생각된다.

이러한 이유들로 사복음서는 모든 문서들 중에서 완전히 인정받았다. 오리게네스(Origenes, c.185-c.253)는 사복음서만이 하늘 아래 하나님의 교회에서 이의를 받지 않은 책들이라고 말하였고, 유세비우스는 사복음서를 가리켜 "네 권으로 된 거룩한 한 질의 복음"이라고 불렀다.(『교회사』 3.25) 즉 어느 하나도 뺄 수 없는 네 권짜리 한 벌의 복음이라는 말이다. 어쨌든 이처럼 200년 이전에 사복음서는 이미 절대적인 권위를 가진 교회의 기본 문서가 되어 있었다.

그런데 여기서 의문이 생긴다. 교회는 왜 네 개의 복음을 하나로 통일하려고 시도하지 않았을까? 서로 조금씩 다른 네 개의 복음서가 있다는 것은 여러 문제가 될 수도 있다. 예를 들면 마태복음과 누가복음에 나타난 예수의 족보가 각기 다르다. 요한복음은 성전을 정화한 사건을 예수 생애의 초기에 두었고, 반면에 다른 세 복음서는 생애 말기에 두었다. 첫 세 복음서는 예수가 유월절 후에 십자가에 달린 것으로 기술하였는데, 요한복음은 유월절 전에 십자가에 달린 것으로 기술하고 있다. 예수의 부활 설화도 복음서마다 차이점을 지닌다. 이러한 사실을 아는 교회가 과연 네 개의 복음서를 하나로 일치시켜 보려는 시도를 하지 않았을까? 180년경에 타티아누스(Tatianus)라는 사람이 『디아테사론』(*Diatessaron*)이라는 책을 만들었는데, 이것이 바로 사복음서를 종합한 것이다. 얼마 동안 이 책은 매우 영향력이 컸으며 사복음서를 대신할 수 있는 것처럼 보였다. 그러나 시간이 지나면서 영향력은 사라지고 그 책 또한 종적을 감추고 말았다.

이레네우스는 『디아테사론』처럼 하나로 합쳐진 복음의 책을 반대하면서 나머지 네 개의 복음이야말로 본질적인 것이고 그것이 당연하다고 주장하며 다음과 같이 말하였다. "우리가 사는 세계에 네 방향이 있는 것처럼, 세상에 네 가지 바람이 있는 것처럼, 그리고 교회가 온 땅에 흩어져 있고 복음이 교회의 기둥과 기초이며 또 생기인 것처럼 교회는 사방에서 불멸을 토하고 사람의 생명을 새롭게 불질러주는 네 개의 기둥을 가져야 할 법하다. 그러므로 만물의 건축자 곧 그룹(천사)들을 타고 앉아 모든 것을 장악하고 계시는 말씀(로고스)이 사람들에게 나타나신 후에 네 개의 형상으로, 그러면서도 하나의 영으로 묶여 있는 복음을 주신 것이 확실하다."(Irenaeus, *Against Heresies* 3.11.8)

이와 같이 교회는 서슴지 않고 네 복음서를 그대로 간직하였고, 네 복음서가 존재함으로 인하여 여러 문제가 생김에도 불구하고 복음서를 하나로 만들려는 운동을 배척하였다. 그 중요한 이유는 교회가 사도적 증언을 무엇보다도 존중히 여겼기 때문이다. 네 복음서가 모두 사도적 권위를 가진 것이기 때문에 그리스도교 신앙의 기본적 문서로서의 위치를 지켜온 것이다.

10) 그 밖의 책의 수집

당시에 사복음서와 바울서신 외에는 수집된 책들이 없었던 것 같다. 사도행전은 신약 정경에 포함되어서 복음서와 서신서를 연결하는 적절한 다리의 역할을 하기 전까지 어떤 특수한 수집물 속에 있지 않았다. 물론 본래는 누가복음과 자매 관계에 놓인 책이었지만 누가복음이 따로 분리되어 사복음서에 포함됨에 따라 사도행전은 마치 버려진 책과 같이 취급되었을지도 모른다. 그러나 마침내 사도행전은 예수의 생애와 서신의 기록, 그 사이를 자연스럽게 연결해 주는 책으로 인정을 받게 되었고, 그렇게 인정을 받기 전까지는 완전히 분리된 책으로 취급받은 것으로 보인다.

2세기 말까지도 베드로전서와 요한1서만이 보편적으로 수락된 것으로 보아 공동서신이 한 그룹으로 모인 것은 상당히 후대의 일이고 그 과정 또한 매우 느렸으리라 생각된다.

요한계시록은 처음부터 널리 알려지고 인정되었다. 그렇게 높이 인정된 묵시서는 요한계시록만이 아니었다. 『헤르마스의 목자』와 『베드로계시록』도 널리 사용되고, 상당한 인정을 받았다. 이렇게 1세기의 그리스도인들은 묵시 문서들을 환영하였고, 미래에 대하여 빛을 던져주는 영감 있는 글이라고 여기며 받아들였다.

그러나 2세기 후반에 이르러서는 이 묵시서들이 인기를 잃게 된다. 그 이유는 세상의 마지막이 임박했다고 하는 약속이 바로 성취되지 않았기 때문일 것이다. 그뿐 아니라 몬타누스파와 같은 단체들이 과도하게 성령의 시대를 주장하며, 성령의 인도를 받아 제멋대로 복음과 어긋나는 주장을 하는 일이 발생했기 때문이기도 하다. 복음의 중심은 예수 그리스도여야 하고, 근거 없는 묵시적 예고에 중점을 두어서는 안 된다고 판단했기 때문이다.

『헤르마스의 목자』는 로마서 16:14에 나타나는 허메 곧 바울의 제자가 쓴 책이라는 허황된 근거 때문에 일시적으로 유포되고 사용되었지만 오래지 않아 버림을 받았다. 『베드로계시록』은 베드로라는 이름 때문에 많은 인기를 끌었지만 교회의 전반적인 인정을 받지는 못하였다. 지금은 그것이 단편적으로밖에 남아 있지 않다. 오로지 요한계시록만이 교회의 광범위한 인정을 받았고, 그러면서도 일부의 반대를 받아왔다. 그리하여 그 책이 정경으로 채택되어 상당히 견고한 인정을 얻기까지는 200년 이상이나 논란을 겪어야 했다. 논란은 이후에도 멈추지 않았고, 현대 교회에서도 그 책을 정경에 완전히 넣어서는 안 된다는 논란이 있다.

11) 성서로서의 인정

초대교회에 나타나 유포되던 많은 그리스도교 문서들 가운데 이미 우리가 논한 사복음서나 바울서신이나 사도행전 등 제한된 책들만이 잡다한 유사 문서들을 제치고 남달리 거룩하고 영감을 받은 하나님의 말씀으로 인정받기에 이르렀다. 그렇게 된 것은 어느 개인이나 단체가 제멋대로 어떤 책을 영감으로 된 것이라고 판단하거나 인정해서가 아니라, 그 책 자체가 사도적 저작인 동시에, 내재적으로 가지고 있는 자증적(自證的)인 구별된 속성이 독자들에게 자연적으로 신언(神言)으로서의 권위를 보여주었기 때문이다. 책 자체가 지닌 거룩한 권위와 가치가 아니었다면, 제아무리 잘난 사람이 그것을 하나님의 말씀이라고 말해준다 하더라도 사람들이 그것을 채택하지 않았을 것이다. 시간이 흐름에 따라 많은 책이 사라지고 소수의 책만이 남았다는 사실 자체는 곧 좋은 증거가 된다. 이것은 어떤 책이 사도적 권위를 가질 뿐 아니라, 먼저 채택된 다른 책들과 내용 또한 조화되는 것이라는 증거이다. 이러한 긴 변화의 시간 동안 교회에서 일시적으로만이 아니라 계속해서 예배에 사용하게 될 때 마침내 성서로서의 권위를 인정받게 되는 것이다.

시간이 지나면서 교회는 좀 더 명확하게 어떤 책은 성서이고 어떤 책은 성서가 될 수 없는지 확실한 경계가 필요한 시기에 도달하였다. 140년경 시노페(Sinope)에서 온 마르키온(Marcion)이라는 사람이 로마교회에 나타났다. 그는 부유한 선주(船主)로서, 사방으로 여행을 많이 한 사람이며, 로마교회에 물질적으로도 많은 도움을 주었고, 영지주의자(Gnostic)였다.

영지주의자들은 그들에게만 전해진 사도들의 비밀 교훈을 가지고 있고, 심지어 예수의 비밀 교훈까지 가지고 있는 등 자신들이 향상된 높은 지식을 소유하고 있다고 믿었다. 그들은 온 우주를 이원적(二元的)으로 보며, 영과 물질 모두 영원한 것으로 믿었다. 하나님은 순수한 영이요 완전히 선하신 반면, 물질은 본질적으로 악하다고 보았다. 물질 역시 영원한 것이니 세상은 무에서 창조된 것이 아니라 본질적으로 악한 물질에서 창조되었다는 것이다. 하나님은 전적으로 선하시기 때문에 악한 물질을 직접 만지거나 취급할 수 없다. 그래서 하나님은 '아이온'이라고 하는 존재들을 차례로 방출했고 하나님에게서 멀리 떨어진 아이온일수록 하나님에 대하여 무지하고 약해서 하나님을 모를 뿐만 아니라 실제로는 적대시하기까지 한다. 하나님으로부터 멀리 떨어진 아이온은 악한 물질에 손을 대고 만질 수 있었고 결국 세상을 창조하기에 이른다. 그것이 곧 창조의 아이온 데미우르고스(Demiurge)라고 한다. 그러니까 영지주의자들은 창조의 신과 참 하나님은 완전히 다르고, 서로 적대 관계에 있다고 믿은 것이다.

그들은 이러한 잘못된 논리로 죄, 슬픔, 고통, 악 등을 설명하였다. 따라서 예수에 대한 그들의 신앙도 아주 달라질 수밖에 없었다. 물질이 악한 것이므로 예수는 절대로 실제적 신체를 가질 수 없었다는 것이고, 따라서 육체의 모습만 가진 영적 환상 같은 것일 수밖에 없다고 생각하였다. 영지주의자들은 육체가 악한 것이라고 생각했기 때문에 육체를 부정하여 금욕주의로 떨어지든지 육체는 상관이 없는 것이니 마음대로 먹고 마시는 타락에 빠지든지 둘 중의 하나로 기울어질 수밖에 없었다.

영지주의자들은 무지하고 적대적인 창조의 신을 구약의 하나님과 동일시하는 한편 예수가 계시하신 신약의 하나님과는 아주 다르다고 생각하였다. 그리하여 영지주의자들은 구약성서와 그것과 관계된 것들을 모두 악한 하나님의 작품이요 떠다니는 말로 여기며 완전히 포기하는 것이 통례였다.

영지주의자인 마르키온은 구약성서에 대해 이런 사상을 가졌기 때문에 자연히 자기 나름의 성서인 정경을 만들어내게 되었다. 그의 정경에서는 구약성서가 완전히 제거되었다. 구약성서가 율법서, 예언서, 성문서로 세 부분으로 나뉘어 있던 것을 본떠서 마르키온은 율법서의 자리에 복음서를 두었다. 그는 마태, 마가, 요한의 세 복음서가 너무 유대사상의 냄새가 난다며 삭제하고 제멋대로 수정한 누가복음으로 대치하였다. 즉 누가복음에서 구약성서 인용구들을 모두 삭제해버렸다. 그리고 예언서의 자리에는 사도행전을 두고 거기에 바울서신 10편을 첨가하였다. 마르키온은 바울을 낡은 율법의 대적이요, 새 복음의 위대한 해석자로 간주하였다. 그가 첨가한 10편의 바울서신은 갈라디아서, 고린도전·후서, 로마서, 데살로니가전·후서, 라오디게아서(골 4:16을 근거 삼아 에베소서를 라오디게아서로 단정하였다.), 골로새서, 빌립보서, 빌레몬서였다. 마지막으로 성문서 대신에 자신의 저서인 『대구』(*Antithesis*, 對句)를 넣었다. 그 책에서는 구약성서의 구절들과 거기에 상반되는 신약성서의 구절들을 비교하여 열거하였다.

이 시기까지 교회는 아직 공식적인 정경을 가지고 있지 않았는데 일개 이단자가 스스로 성서의 정경을 작성하고 발표하였으니 큰 문제가 되었다. 제일 큰 문제는 바울의 위치였다. 마르키온은 바울을 거의 우상처럼 예배하였다. 그에게는 바울이 교회의 최고 인물이었다. 심지어 바울이 하늘나라에서 그리스도의 우편에 앉아 있다고까지 주장하였다. 그리고 바울이 곧 약속된 보혜사이며, 예수가 그의 추종자들에게 약속한 그 위안자라고 주장하였다. 또한 그리스도가 하늘에서 두 번 내려오셨는데 한 번은 고난을 받고 죽기 위해서요, 다른 한 번은 바울을 불러서 자기 죽음의 참뜻을 계시하시기 위해서였다고 주장하였다. 이렇게 제멋대로 자기 의견에 꿰맞추기 위해서 성서를 왜곡하여 해석했으며 자기 마음대로 자르고 붙이기도 하였다.

이러한 위기에 처한 교회는 어떤 조치를 취해야만 했다. 구약성서는 정말 존재의 가치가 없는 것인가? 마태, 마가, 요한의 복음은 정말 제거되어야 하는 책들인가? 누가복음을 그렇게 마음대로 가감해도 되는가? 사도가 아닌 사람이라도 아무나 자기 글을 성서라고 주장할 수 있는가? 교회는 이와 같은 문제들을 앞에 놓고 자연히 새로운 작업을 시작할 수밖에 없었을 것이다. 그러나 어떻게 무슨 작업을 했는지는 아무도 알 수 없으며, 물적 증거가 거의 남아 있지 않다. 다행히 한 가지가 남아 있는데, 그것은 무라토리(Muratori) 정경 목록이라고 하는 신약성서 목록이다. 즉 당시 교회가 마침내 신약성서의 목록을 작성하기에 이르렀다는 물적 증거를 그 목록에서 볼 수 있다. 이 목록이야말로 교회사에 처음으로 나타난 신약성서 목록이기 때문에 매우 귀중한 문헌이라고 할 수 있다.

이탈리아 밀라노 암브로시아나 도서관(Biblioteca Ambrosiana)의 관장이던 무라토리(L. A. Muratori, 1672-1750)라는 사람이 보비오(Bobbio) 수도원에서 나온 8세기 라틴어 사본을 발견하여 1740년에 공표하였기 때문에 발견자인 무라토리의 이름이 그 사본 목록에 붙여졌다. 그리고 이 목록은 로마에서 작성된 것으로 판명되었다.

이 목록은 처음 부분이 없어져서 실제로는 누가복음부터 시작한다. 그러나 본래는 마태복음에서 시작하여 모두 다 포함되었던 것으로 짐작된다. 그 목록에 나타난 책을 열거해보면 다음과 같다. 마태복음, 마가복음, 누가복음, 요한복음, 사도행전, 고린도전·후서, 에베소서, 빌립보서, 골로새서, 갈라디아서, 데살로니가전·후서, 로마서, 빌레몬서, 디도서, 디모데전·후서, 유다서, 요한1-2서, 요한계시록, 베드로계시록이다. 이것이 170년경에 작성된 것으로 당시 교회가 성서로 인정한 책들이다. 그 목록에 들지 않은 책이 베드로전·후서, 야고보서, 요한3서, 히브리서이다. 베드로전서가 그 목록에 들지 않은 것은 매우 이례적인 일이다. 이 책들은 상당히 오랫동안 복잡한 과정을 거쳐서 정경으로 채택되었다.

어쨌든 교회는 마르키온 이단의 자극을 받아 신약 정경 형성의 한 발을 내딛게 된 셈이다. 마르키온 이단은 성서에서 많은 것을 제거하려는 경향으로 나간다는 특징이 있었고, 그것 때문에 교회가 정경 확정 운동을 시작했는데, 이후 성서에 더 많은 것을 첨가하려는 또 다른 이단이 나타나면서 정경 형성에 박차를 가하게 되었고, 마침내 정경을 마감하는 단계에 이르렀다.

교회는 2세기 중엽이 되면서 재림을 기다리며 열광하던 시대가 지나가고 제도화한 교회의 시대로 접어든다. 이 시대에 교회는 이미 예언의 영이 역사하지 않는 곳이 되었고, 여러 종류의 사람들이 교회로 모여들게 된다. 그러면서 세상과 교회의 차별이 없어져 세속화되고 이방 사상, 문화, 철학과 혼동되는 시기에 이른다. 결국 그리스도교 윤리는 이미 그 숭고성을 잃고 만다. 이러한 때에 몬타누스(Montanus)라는 사람이 나타났다. 그는 일찍이 이방신 키벨레(Cybele)의 제사장이었으나, 그리스도교로 개종하고 소아시아에서 명성을 떨치고 있었다. 그는 더 높은 표준과 더 엄격한 규율을 요구하면서, 교회는 자신을 세상으로부터 좀 더 깨끗하게 분리해야 한다고 주장했다. 몬타누스가 거기서 멈추었더라면 참으로 유익한 인물로서 역할을 했을 것이다. 몬타니즘이 정착되면서 그 과도한 점을 배제했을 때, 예를 들어 테르툴리아누스 같은 이가 202년에 몬타니스트가 되었을 때는 좋은 점을 가질 수 있었다.

그러나 몬타누스는 거기서 멈추지 않고 더 나갔다. 프리카스와 바시밀라라는 두 여성 예언자와 같이 다니면서 성령의 이름으로 예언을 하고 그리스도의 조속한 재림을 예고하였다. 거기에 더하여 몬타누스는 자신이 약속된 보혜사이며 교회를 위하여 새 환상과 메시지를 가지고 왔노라고 주장하였다. 그리고 자신과 두 예언자는 하나님이 주신 계시의 도구요, 성령이 새 음악을 연주하기 위해서 사용하시는 거문고라고 확신하였다. 그야말로 위험천만한 주장이었다. 몬타누스는 이제 자신을 통하여 하나님의 새로운 계시가 나타난다고 주장하였으니 이러한 이단들로 인해 성서는 계속 늘어

날 수밖에 없었다. 그러므로 교회는 마침내 성서를 마감하지 않으면 안 될 단계에 놓인 것이다. 2세기 말경에 이르러서 교회는 신약 정경을 한정하고 원칙적으로 성서 산출이 이미 끝났다는 데 합의하게 되었다.

이렇게 2세기 말까지 나타난 신약이 정경으로 형성되는 과정을 요약해본다면, 거의 모든 교회가 공통적으로 사복음서, 사도행전, 바울서신 13편, 베드로전서, 요한1서를 정경으로 소유하고 인정하였으며, 히브리서, 야고보서, 베드로후서, 요한2-3서, 유다서, 요한계시록에 대해서는 아직 공통적으로 받아들이지 않는 상황이었다. 반면에 『클레멘트1서』, 『바나바서』, 『헤르마스의 목자』, 『열두 사도의 교훈』 같은 다른 그리스도교 문서들이 몇몇 교회 편집자에 의해서 성서로 채택되기도 했지만 대다수는 그것들을 인정하지 않았다.

3세기와 4세기 초에 이르러서는 문제된 책들을 세부적으로 가려내는 과정이 있었다. 그리하여 더러는 정경으로, 더러는 외경으로 인정을 받았다. 정경 문제를 주의 깊게 조사하고 연구한 교부들 중에 가이사랴의 유세비우스를 꼽을 수 있다. 그는 자신의 저서에서 정경의 한계에 대한 과거 저술가들의 발표를 인용하고 그가 조사한 결과를 종합하여 책들을 세 종류로 분류하였다.(『교회사』 3.25) 첫째는 '호모레고메나'(Homolegomena)라고 하여 누구에게나 받아들여진 책 22권이다. 거기에는 사복음서, 사도행전, 바울서신 14편(히브리서를 바울서신으로 간주한다.), 요한1서, 베드로전서, 요한계시록이 들어 있다. 둘째는 '안티레고메나'(Antilegomena)라고 하여 일부에서 논란의 대상으로 삼기는 하지만 그래도 널리 채택된 책 5권이다.

거기에는 야고보서, 유다서, 베드로후서, 요한2-3서가 들어 있다. 셋째는 '노타'(Notha)라고 하여 인정할 수 없는 가짜 책으로 『바울 행전』, 『헤르마스의 목자』, 『베드계시록』, 『바나바서』, 『열두 사도의 교훈』을 포함시켰다. 그리고 그는 "여기에 요한계시록도 첨가해야 할 것이다. 더러는 그것을 인정받은 책들 속에 넣지만, 더러는 그것을 배격하고 있다."라고 첨가하여 요한계시록에 대한 자신의 의견을 덧붙였다.

이렇게 유세비우스 때에는 현재 우리가 가지고 있는 27권이 모두 실질적으로 정경 목록에 들어 있었다고 볼 수 있으며, 그 이후에는 정경의 내용에 변화가 그리 많지 않았던 것으로 보인다.

논란의 대상이 된 책들이 가진 문제점은 무엇이었을까? 그것은 두말할 것 없이 각 책의 사도적 저작권 문제였다. 다시 말해서 그 책들의 저작자가 확실치 않은 것이 문제였다. 예컨대 히브리서의 가치를 의심하는 사람은 하나도 없었지만 문제는 아무도 그 책의 저작자를 알지 못한다는 점이었다. 테르툴리아누스는 그 책이 바나바의 글이라고 주장하였으나, 솔직히 말해서 오리게네스의 판단과 같이 "누가 그 편지를 썼는지는 하나님만이 아신다."라는 것이 옳은 해석이다. 이렇듯 저작자는 미상이지만 그 내용으로 보아 성서로서의 가치를 가졌다고 판단되었다. 그러나 정경이 되려면 사도적 권위가 있어야 했기에 바울이 쓰지 않은 것이 확실하였음에도 바울의 저술이라고 주장하게 된 것이고, 야고보서를 예수의 동생이 쓴 것으로, 유다서를 예수의 또 다른 동생이 쓴 것으로, 베드로후서를 베드로가, 요한2-3서를 요한이 쓴 것으로 각각 주장하게 되었다.

앞서 말한 바와 같이 저작자가 미상이기 때문에 이의(異議)가 있었지만 그 책들의 가치는 누구도 의심할 수 없었다. 그리고 그 내용 면에서도 확실히 사도적인 것들이므로 그것들은 성서 정경에 들어갈 수밖에 없었고, 그러기 위해서는 사도의 이름을 빌리지 않을 수 없었다. 어쨌든 교회가 오랫동안 고민하며 이의를 제기했다는 사실에는 상당한 이유가 있었고, 마침내는 모든 어려움을 물리치고 사필귀정(事必歸正)으로 그 책들이 자기 자리를 차지하게 된 것도 당당한 이유가 있는 것이다.

이제 우리는 정경 형성의 거의 마지막 단계에 이르렀다. 예루살렘의 키릴로스(Cyrillus, 313 BC-86)는 교회 회원이 되려고 준비하는 사람들에게 신약성서의 목록을 강의하면서 요한계시록을 제외한 모든 책을 소개하였다고 한다. 그 이후 367년에 이집트 알렉산드리아의 감독 아타나시우스(Athanasius, c.296-373)는 그의 부활절 서신을 휘하 교구의 여러 교회로 보내면서 지금의 신약성서와 똑같은 내용의 목록을 제시하였다. 그 목록은 신약이 정경으로 형성되는 역사에서 하나의 분기점을 이루었다. 그 편지의 내용을 인용하면 다음과 같다.

> 나는 서슴지 않고 신약성서에 속하는 책들을 다시 진술하려 합니다. 그것은 다음과 같습니다. 사복음서, 곧 마태에 의한 것, 마가에 의한 것, 누가에 의한 것, 그리고 요한에 의한 것이 있고, 또 그 뒤에 오는 것은 사도들의 행전과 사도들의 소위 공동서

신 일곱 권인데, 그것은 야고보의 것이 하나, 베드로의 것이 둘, 요한의 것이 셋, 그 뒤로 유다의 것이 있습니다. 이것들 외에 사도 바울의 열네 서신이 있는데, 그것은 다음과 같은 순서로 배열합니다. 첫째가 로마인에게 보낸 것, 다음 둘은 고린도인들에게, 그 뒤로 갈라디아인에게 보낸 편지, 다음이 에베소인에게 보낸 것, 그뿐 아니라 빌립보인에게 보낸 편지, 골로새인에게 보낸 편지, 데살로니가인에게 보낸 것 두 편, 그리고 히브리인에게 보낸 편지입니다. 그리고 다음 둘은 디모데에게, 또 하나는 디도에게, 마지막 하나는 빌레몬에게 보낸 편지입니다. 그 위에 또한 요한의 계시록이 있습니다.

이 일이 있은 후 서방에서는 히포 레기우스(Hippo Regius)에서 393년에 아프리카의 카르타고(Carthage)에서 397년에 각각 대회로 모여 27권을 신약성서로 정식 채택하였으며 아우구스티누스도 이 정경을 지지하게 되었다. 그것이 마침내 히에로니무스의 라틴어 번역(Vulgata)을 통하여 온 서방교회에 유포되고 사용되기에 이르렀다.

동방에서는 일부가 요한계시록의 정경성을 계속 의심하였지만 대부분의 동방교회도 결국은 서방교회의 정경과 동일한 정경을 가지게 된다. 예외적으로 수리아교회에서는 22권만을 채택하였는데, 즉 베드로후서, 요한2-3서, 유다서, 요한계시록을 제외한 정경이 5세기 초에 수리아 말로 번역되고 발표되어 표준성서의 구실을 하였다. [그 성서를 『페시타』(*Peshitta*)라고 한다.]

그 후 서방 수리아교회는 6세기와 7세기에 이르러 마침내 성서에 그 5권을 포함시키게 되지만[그 성서를 『필록세니안』(*Philoxenian*, 필록세누스 역본)이라고 한다.], 동방 수리아교회는 여전히 나머지 그리스도교 세계와 접촉을 끊고 지내면서 오늘날까지 계속 22권짜리 신약성서를 정경으로 가지고 있다.

정경 형성의 기나긴 역사를 거치며 성서의 여러 책들은
그것이 바로 하나님의 말씀이라는
독특하고도 신비로운 이유로 말미암아
개인의 취향이 제각기 다른
수억만 명의 까다로운 인간의 체질과 기질을
모두 통과하여 오늘날까지 건재하고,
책 중의 책으로서 영광을 차지하고 있다.
이것은 어떤 개인이나 단체,
곧 인간의 뜻이나 조작으로는 불가능한 일이다.
과연 하나님의 놀라우신 섭리와 신비로우신 능력과
지혜의 소치가 아니고 무엇이겠는가.

교회는 처음부터 구약성서를 정경으로 받아들이기를 주저하지 않았고 오늘날까지 그 정경성을 의심하지 않는다. 때로는 마르키온 같은 이단자들의 반대가 없던 것도 아니지만, 그러나 알렉산드리아를 중심으로 나타난 구약의 증대형, 곧 외경(外經)의 대부분을 포함시킨 정경이 로마가톨릭교회의 정경으로 인정되고 사용되기에 이르렀다.

즉 로마가톨릭교회에서는『토비트서』(*Tobit*),『유디트서』(*Judith*, 유딧기),『에스더 부록』,『(솔로몬의) 지혜서』,『집회서』,『바룩서』(Baruch),『세 성동(聖童)의 노래』,『수산나의 역사』,『벨(Bel)과 용(龍)』,『마카베오1서』,『마카베오2서』를 정경에 포함시키고,『에스드라1서』,『에스드라2서』,『므낫세의 기도』를 외경으로 삼았다. 그러나 신약성서는 개혁교회의 것과 다름이 없다. 이처럼 로마가톨릭교회는 동방수리아교회와는 정반대로 증대된 정경을 가지고 있는 것이 특징이라고 할 수 있다.

이렇게 교회가 구약성서를 증대시켰을망정 감하는 일이 없자 종교개혁에 대한 논의가 본격화하였다. 로마가톨릭교회의 교리를 반대하는 종교개혁자들은 믿음이 아니고 선행으로 칭의를 얻는다든가, 성직자의 공로를 믿는다든가 하는 교리가 구약 외경에 근거하고 있다는 사실을 발견하였다.

마르틴 루터(Martin Luther, 1483-1546)는 『마카베오2서』와 『에스더서』를 가리켜 너무 유대화한 것이며 이단 사상이 짙은 책이라고 하였고, 차라리 그런 책은 없었더라면 좋았겠다고까지 말하였다. 또한 『마카베오2서』 12:43에서 연옥설을 끌어오는 것은 잘못이라고 주장하면서 그 책은 성서가 아니라고 잘라 말하였다. 이리하여 구약 외경을 배격하기 시작했으며, 루터는 그의 획기적인 독일어 번역본(1534년 출판)에서 『(솔로몬의) 지혜서』, 『집회서』, 『유디트서』, 『토비트서』, 『마카베오1서』, 『에스더 부록』, 『바룩서』, 『다니엘서 부록』, 『므낫세의 기도』를 구약성서의 맨 끝에다 따로 붙이며 다음과 같은 표제를 첨부하였다. "외경—이 책들은 성서와 동등한 취급을 받을 만한 것이 못 된다. 그러나 읽어서 유익하고 좋은 것들이다."

존 위클리프(John Wycliffe, c.1320-84)의 영어 번역본(1380)에는 외경이 포함되어 있으며, 마일스 커버데일(Miles Coverdale, 1488-1596)의 영어 번역본(1535)은 루터 역을 따르되 『므낫세의 기도』를 빼고 『에스드라1서』와 『에스드라2서』를 첨가하였다. 이후의 영어 번역 성서에도 외경이 포함되었는데, 즉 『대성서』(*The Great Bible*, 1539), 『제네바 성서』(1560), 『감독 성서』(*The Bishop's Bible*, 1568), 『킹 제임스 역』(1611)이 모두 그렇다. 그러나 1626년부터 몇몇 성서는 외경을 빼고 출판되었고, 1827년부터는 『킹 제임스 역』뿐 아니라 대부분의 개혁교회 성서가 외경을 제외하여 출판하고 있다.

로마가톨릭교회는 외경을 여전히 정경으로 취급하고 있지만 칼뱅주의 교회와 기타 프로테스탄트 교회들은 외경을 성서 이외의 책으로 따로 취급하여 출판하고 있다. 그러나 루터교회, 영국 성공회, 취리히 개혁교회의 습관을 따라 생활의 모범과 행동에 대한 교훈으로서 교회가 읽되 교리를 세우는 일에는 적용하지 않고 있다. 다행인지 불행인지 한국교회는 학계에서 단편적으로 번역해낸 것은 있어도 1977년 공동번역이 출판되기까지 외경을 거의 본 적도 없고 교회에서 언급되거나 논의된 일조차 없다.

신약성서에 대해서는 1516년에 헬라어 성서를 처음으로 편집한 에라스무스(Desiderius Erasmus, c.1466-1536)가 지나간 논쟁, 즉 히브리서, 야고보서, 베드로후서, 요한2-3서, 유다서, 요한계시록 등이 옛날부터 계속 의심을 받아왔다는 사실을 상기시키면서 문제점을 지적하였다. 그러나 그는 충성된 로마가톨릭교회 교인으로서 자기 주장을 고집하려고는 하지 않았다. 개혁자 루터는 에라스무스가 상기시킨 7권의 이의서(異議書) 중에서 4권만을 문제삼았다. 히브리서에 대해서는 배교자들에게 두 번째 사죄를 허락하지 않는 점을 못마땅하게 생각하였고, 야고보서에 대해서는 믿음으로 의를 얻는다는 것보다 행위를 더 강조하는 것같이 보인다고 비난하였고, 유다서는 베드로후서에서부터 생겨난 것으로 보이며 그리스도에 대한 확실한 증언이 조금도 없다는 것을 지적하였으며, 요한계시록은 명확하지 않아 그리스도를 제대로 가르치지 못한다고 비난하였다.

그러면서 그는 이 책들을 자신의 번역본에서 신약성서 목록의 제일 뒷부분에 배치하였다. 그는 먼저 완전히 수락한 23권을 열거하면서 번호를 매겼다. 그러나 나머지 책들은 질적으로 낮은 수준의 것임을 나타내기 위해 약간의 여백을 남겨놓은 후 수록하였고, 열등하다는 것을 드러내고자 번호도 붙이지 않았다. 결국 일군(一群)의 신약 외경과도 같은 취급을 한 셈이다.

그러나 개혁교회는 구약 외경을 반대하는 데 태도가 분명한 동시에 신약성서 정경 전체를 아무런 문제 제기 없이 수락하는 일에도 대부분 통일을 보이고 있다. 칼뱅은 요한서신과 요한계시록에 대해서 전혀 주석을 쓴 일이 없고 언젠가 자신의 친구에게 요한계시록을 어두운 책이라고 묘사한 일이 있다고는 하지만, 자신의 저서인『기독교강요』(*Institutio Christianae Religionis*)에서는 요한의 서신들과 계시록을 성서로 인용하고 있으며, 따라서 그 책에 대해서 근본적으로 반대하는 생각이 없었다는 사실을 밝히 보여준다. 개혁교회에서는 신약성서 정경이 결코 심각한 문제가 된 적이 없었으며, 아무런 부족함도 느끼지 않고 지금의 정경을 사용하고 있는 셈이다.

이처럼 성서 정경은 종교개혁을 통하여 다시 한번 풍파를 겪었지만 오늘날까지 그대로 남아서 그것을 읽는 사람들에게 생명을 주며, 삶의 길잡이와 지침이 되고 있다.

하나님은 자신의 말씀을 인간의 말에 담아 오고 오는 세대에게 전달하고 계신다. 정경 형성의 기나긴 역사를 거치며 성서의 여러 책들은 그것이 바로 하나님의 말씀이라는 독특하고도 신비로운 이유로 말미암아 개인의 취향이 제각기 다른 수억만 명의 까다로운 인간의 체질과 기질을 모두 통과하여 오늘날까지 건재하고, 책 중의 책으로서 영광을 차지하고 있다. 이것은 어떤 개인이나 단체, 곧 인간의 뜻이나 조작으로는 불가능한 일이다. 과연 하나님의 놀라우신 섭리와 신비로우신 능력과 지혜의 소치가 아니고 무엇이겠는가.

오늘날 우리는 수많은 학자들의
정성스러운 노력과 수고의 결과로
성서 원본에 거의 가까운 본문을 가지게 되었고,
또 그것을 양심적으로 그리고 최대의 성실성을 가지고
번역하려는 성서 번역자들의 손을 거쳐
오늘 이 시간대를 살아가는 사람들이
가장 이해하기 쉬운 글로 번역된 성서를 가지고 있다.

지금까지 우리는 그리스도교 경전으로서의 성서가 형성된 과정을 말했을 뿐, 실제로 그것이 우리 손에 도달할 때까지의 구체적 혹은 물리적 과정에 대해서는 언급하지 않았다. 지금 우리 손에 있는 성서는 우리의 언어인 한글로 번역된 것이니, 그 대본은 어디서 왔으며 어떻게 만들어졌는지 등 여러 복잡한 이야기가 있을 수밖에 없다. 그러므로 이 장에서는 성서가 기록되던 당시의 상황과 그 원본 성서가 어떻게 사본이 되어 전해지고, 또 어떤 과정을 거쳐서 번역되어 내려오다가 언제 어떻게 인쇄본 성서와 비평판 성서가 되고, 또 어떻게 현대 번역의 시대를 거쳐 한글 성서가 되었는지에 대하여 간단히 알아보고자 한다.

1) 옛날의 책 만드는 방법

15세기 중엽에 활자 인쇄술이 발명되기 전까지는 누구든지 책을 출판하려면 필요한 만큼 손으로 써서 일일이 그 사본을 만들 수밖에 없었다. 옛날에는 책을 만들 때 주로 두 가지 재료를 사용하였다. 하나는 파피루스이고, 또 하나는 가죽 종이이다. 파피루스는 이집트의 삼각주(三角洲) 습지(濕地)에서 풍성하게 자라는 수생(水生) 식물로서 사초과(莎草科, Sedge)에 속하는 풀이다. 그 풀이 다 크면 줄기가 옥수수 대처럼 되는데, 그것을 베어 1척(약 30cm) 길이 정도로 토막을 낸다. 토막들을 펼치고 그 속에 있는 골[髓]을 꺼내어 얇은 조각으로 찢는다. 테이프처럼 생긴 이 조각들을 평평한 곳에 서로 잇대어 펴놓고 그 위에다가 또 한 겹을 반대 방향으로 펴놓는다. 그 두 겹을 같이 누르고 두들기면 상당히 튼튼한 종이가 된다.

이보다 더 질기고 오래가는 것은 가죽 종이였다. 그것은 염소, 양, 송아지, 기타 동물의 가죽으로 만든 것으로, 그중에서도 송아지 가죽 종이가 제일 얇고 일등품이다. 어린 동물의 가죽일수록 종이의 질이 좋아서 때로는 아직 어미 배에서 나올 때가 채 되지 않은 동물의 가죽을 벗겨서 피지(皮紙)를 만드는 경우도 있었다. 털을 뜯고 표면을 잘 다듬은 다음에 자를 대고 끝이 그리 예리하지 않은 것으로 줄을 긋는다. 이렇게 그어진 줄을 따라서 글을 쓴다. 파피루스 종이의 경우에는 이미 그 결[紋]이 줄을 대신하기 때문에 적어도 한 쪽은 줄을 긋지 않고도 쓸 수 있다.

당시에는 두 가지의 제본 방식이 있었다. 먼저 두루마리 형식은 파피루스나 가죽 종이 조각들을 꿰매거나 풀로 붙여서 길게 만든 다음 양쪽 끝에 나무나 뼈 또는 쇠붙이로 된 둥근 막대기를 붙인다. 이렇게 만든 두루마리의 최대 길이는 32피트(약 10m) 정도이다.

그 이상이 되면 손으로 다루기가 매우 거추장스럽기 때문일 것이다. 글을 쓸 때에는 두 치(1치=약 3cm) 내지 세 치 너비의 좁은 주란(柱欄/column, 세로단) 형태로 상단에서부터 횡서로 쓰고, 그다음 약간의 여백을 두고서 다시 그러한 주란을 반복한다. 대개는 두루마리의 한쪽만을 사용하였다.

고대에 사용되던 또 한 가지 형식은 코덱스(Codex)라는 것으로 가죽 종이나 파피루스를 재료로 하여 현대의 책과 비슷하게 만드는 것이다. 종이를 몇 장이고 겹쳐놓은 다음 그 한가운데를 접으면 된다. 즉 공책을 만드는 형식과 같다. 그런 것을 몇 개라도 꿰매면 부피가 큰 책을 만들 수도 있다. 두루마리와 달리 코덱스는 매 장의 앞뒤에 모두 글을 쓸 수 있는 것이 이점이다. 페이지의 크기와 편의에 따라서 한 페이지에 4개의 주란까지도 만들 수 있다. 4세기 헬라어 성서 사본인 시내 사본(Codex Sinaiticus, 시나이 코덱스)은 매 페이지에 4개의 주란을 가지고 있다.

코덱스형의 책은 여러 면에서 편리하기 때문에 필연적으로 두루마리형의 책을 능가하게 되었다. 점차 교회는 성서 사본을 만들 때 두루마리형을 버리게 되었다. 이는 성서를 유대교 회당에서 사용되던 두루마리 성서와 외형적으로 다르게 해보려는 의도에서 코덱스형을 택한 것일지도 모른다.

파피루스에 쓰는 잉크와 가죽 종이에 쓰는 잉크는 다르다. 파피루스에는 검댕과 나무진과 물을 섞어서 만든 잉크, 즉 먹을 썼다. 그러나 가죽 종이에는 그런 먹이 잘 먹히지 않았기 때문에 오배자(몰식자)로 만든 다른 잉크를 사용하였다. 나중에는 여기에 황산철

(黃酸鐵)을 섞고 또 여러 가지 빛깔을 내기 위하여 다른 화학물질도 사용하였다.

사본을 만들 때에도 주로 사용한 방식이 두 가지 있었다. 하나는 개인이 어떤 대본을 놓고 한 자 한 자 옮겨 쓰는 방식이다. 이때 그 본문에 예상치 못한 변화가 생기는 것은 불가피한 일이다. 새로 만들어진 사본의 정확성은 사서인(寫書人)이 그 언어와 글의 내용에 얼마나 익숙하냐는 것과, 그가 얼마나 주의해서 일하느냐에 달려 있다. 히브리어나 헬라어의 알파벳에는 유사한 글자들이 여럿 있어서 아주 성실한 서사(書士)일지라도 종종 혼동하여 잘못 옮겨 쓰는 일이 생기곤 하였다. 더구나 과거 원어 성서에서는 띄어쓰기를 하지 않았기 때문에 필사할 때 여러 종류의 과오가 생길 수 있었다.

또 한 가지 방법은 사서실(寫書室)에서 책을 만드는 방식이다. 어떤 대본을 큰 소리로, 천천히, 그리고 명료하게 읽는 사람이 하나 있으면, 서사들이 그 사람을 둘러앉아 받아 적었다. 그러니까 서사의 수만큼 단번에 여러 개의 사본이 생기게 된다. 이러한 받아쓰기 방식에 의한 사본은 본문에 더 많은 종류의 과오가 생기게 된다. 서사들이 부주의하거나 그 문서 내용에 대한 지식이 없을 때 정확하게 듣지 못하여 잘못 쓰는 경우가 많으며, 특히 글자는 다르지만 발음이 같은 경우 등에 많은 착오가 생겼다. 예를 들어 후대 헬라어에서는 '우리'라는 말과 '너희'라는 말의 발음이 거의 구별할 수 없을 만큼 같았다. 그러므로 신약성서의 서신들에서 사본마다 각각 다르게 나타난 경우에 본래 어떤 인칭이 사용되었는지 결정하기 어렵거나 불가능한 경우가 종종 있었다.

유대인의 경우에는 구약성서를 사서(寫書)할 때 정확하게 옮겨 쓰기 위해서 굉장한 주의를 기울였고, 따라서 받아쓰기 방식의 사서를 거의 하지 않았다. 반면에 그리스도교회는 빠르게 발전하고 확장되었기 때문에 사본에 대한 요구가 많았다. 따라서 많은 사본을 급히 만들어내야 하는 일이 종종 생겼다. 그럴 때에는 아주 세부적으로 정확하게 하는 것보다 전문가가 아닌 서사를 동원해서라도 많은 수의 사본을 빨리 만들어내는 것을 더 중요시하였다.

같은 본문이 사본에 따라 차이가 생기는 것은 앞서 말한 바와 같이 서사인들이 부주의했기 때문일 뿐 아니라 때로는 고의적으로 생겨나는 경우도 있었다. 또한 교회 의식(儀式)이 좀 더 고등하게 발전하거나 수도원 사회에서 금욕적 풍습이 발전하였을 때 종전에 전래되어 오던 것을 수정하는 경우도 간혹 있었다. 예를 들면 마태복음의 가장 오래된 사본에는 주기도문(마 6:5-13)이 '우리를 유혹에 빠지지 않게 하시고 악에서 구하여 주옵소서.'라는 말로 끝난다. 그런데 후대의 사본에는 그 끝에 의식에 사용하기 알맞은 송영이 붙어 있는 것을 볼 수 있다. 처음에는 '권세와 영광이 아버지께 영원히 있습니다.'라는 두 마디 송영이 붙어 있었지만, 나중에는 '나라와 권세와 영광이 아버지께 영원히 있습니다.'라는 세 마디 송영이 되었다. 교회 의식이 발전하는 과정에서 약간의 고의적 첨삭이 있었음을 알 수 있다.

금욕주의 사상의 영향을 받아 성서 사본이 변하는 경우도 생겼다. 예를 들면 마가복음 9:29에 본래는 '기도하지 않고는 이런 것을 쫓아낼 수 없다.'고 되어 있던 것이 나중에 금욕적 사상의 영향을 받아 '기도하고 금식하지 않고는…'으로 변하기도 했으며, 사도행전 10:30과 고린도전서 7:5 등도 그러한 경우에 해당한다. 그리고 때로는 필사자가 다른 책에 있는 병행구절들과 조화시키기 위한 목적으로 보충 삽입하는 경우도 있었다. 골로새서 1:14는 본래 '우리는 그의 아들 안에서 속량 곧 죄 사함을 받았습니다.'라고 되어 있었는데, 후대의 어떤 사본에는 에베소서 1:7과 조화시키기 위해서 '그의 피로'라는 말을 첨가하였다.

이와 같이 실수로 또는 고의로 사본에 많은 변화가 생기고 차이가 생긴 것이 사실이지만, 대부분 단어의 철자가 바뀌든지 동의어로 대치되든지 하는 경우가 제일 많았고 근본적인 내용이 바뀌는 경우는 그리 많지 않았다. 어쨌든 원문비평학자들의 피땀어린 노력에 의하여 오늘 우리는 원본에 거의 가까운 성서를 가지고 있다고 보아도 무방하다.

2) 신구약 고대 사본

성서가 문서화되었지만 그 재료들이 파피루스나 가죽 종이여서 그 원본을 오래 보존할 수 없었다. 그래서 필요에 따라 새로운 사본들을 만들어 보관하고 전달할 수밖에 없었다. 안타깝게도 지금은 성서의 원본이 단 한 조각도 남아 있지 않다. 다만 그 사본(Codex)들이 남아 있을 뿐이다.

1947년 이전까지는 구약성서 사본 중 제일 낡은 것이 9세기 말에 필사된 것이었다. 이는 5세기와 6세기에 마소라(Massora) 학자라고 하는 유대인 학자들에 의해서 편찬된 것으로, 그때까지 띄어쓰기도 없고 모음이나 억양 기호나 구두점도 없기에 일어난 혼란과 불확실성을 없애고자 특별한 노력을 기울여 고정된 띄어쓰기를 적용하고 모음, 억양, 구두점 등을 붙여서 소위 마소라 원문을 이루었다.

1947년 이스라엘의 사해 서북 연안의 쿰란(Qumran)이라는 곳에 있는 동굴들에서 고대의 두루마리 책들이 발견되었다. 거기에서 구약의 에스더서를 제외한 모든 책의 사본을 얻을 수 있었다. 비록 대부분이 파손된 것들이었지만 두루마리와 그 조각들은 그리스도교가 발생하기 전후 100-200년 어간에 이루어진 것으로 판명되었다. 그때까지 알려진 9세기 사본보다 1,000년이나 더 오래된 것이라는 점은 학계에 커다란 경이와 기쁨을 주었다. 일반적으로 그 낡은 사본들과 마소라 원문이 일치한다는 사실을 발견하였다.

신약 사본의 경우 지난 19세기 동안 중요한 고대 사본들이 많이 발견되었다. 독일의 학자 티셴도르프(K. von Tischendorf)는 1844년 시내산에 있는 한 수도원에서 사본 일부를 발견하였다. 이후 1853년과 1859년에 걸쳐 수도원에 다시 방문하였고 마침내 사본을 얻게 되었는데 이것이 바로 그 유명한 시내 사본이다. 4세기의 것으로 훌륭한 양피지에 기록된 헬라어 성서 사본이며, 현재 영국 국립박물관에 보존되어 있다.

1906년에 프리어(C. L. Freer)가 이집트 카이로의 고물상에게 구입한 사복음서 사본은 4세기 말 내지 5세기 초에 필사된 것으로 현재는 미국 워싱턴 프리어미술관에 보관되어 있다. 이를 워싱턴 사본

(Codex Washingtonianus)이라고 부른다.

1930년경에 영국의 골동품 수집가 비티(A. Chester Beatty)가 얻은 고대 사본들 중에 중요한 헬라어 성서 사본 3개가 포함되어 있는데, 3세기의 것이라는 점에서 중요성을 지닌다.

1935년에 고문서학자 로버츠(C. H. Roberts)가 발견한 작은 사본 조각은 신약 사본 중 가장 낡은 것으로 알려져 있으며 2세기 전반기의 것으로 추정하고 있다. 작은 조각 두 개는 요한복음 18장의 내용 중 약 30단어를 포함하고 있다.

또 스위스의 고서 수집가 보드머(Martin Bodmer)가 입수한 헬라어 고대 사본들 중에는 신약성서 사본들이 포함되어 있었고 그중 하나가 1956년에 발표되었다. 이 사본은 요한복음의 처음 14장을 완전히 보존하고 있으며, 나머지는 부분적으로 가지고 있다. 필사된 연대를 200년경으로 추정하고 있다.

이상 신약성서 사본 가운데 몇 가지만을 예로 들었지만 지금까지 발견된 신약 사본을 분류하고 통계를 내어보면 다음과 같다.(1993년 네스틀레-알란트 27판 기준)

- 파피루스 98개
- 가죽 종이에 기록된 코덱스형 사본
  - 대문자 사본(Uncial Script) 301개
  - 소문자 사본(Minuscule Script) 2,829개
  - 일과서(Lectionaries) 2,211개

9세기까지는 대개 대문자로 쓰던 것을 이후 소문자로 자체(字體)를 바꾸었다. 그것은 비용과 시간을 절약하기 위한 방편이었을 것이다. 어쨌든 오늘날에는 거의 5,500개나 되는 신약 사본이 남게 되었는데, 고대의 다른 세속 문헌들은 그 사본이 불과 두세 개밖에 남아 있지 않다는 사실을 생각할 때 매우 놀라운 일이라 할 수 있다. 그뿐 아니라 세속 문헌들은 그 사본이 대개 중세기에 만들어진 것이며, 따라서 원문과 사본의 시간적 간격이 1,000년이나 되지만, 상술한 바와 같이 성서는 적어도 한 세대(30년 내외)에서 100년 사이의 것들이 상당히 많다는 점을 지적할 수 있다.

3) 고대 역본(譯本)

하나님의 말씀은 반드시 히브리어를 하는 사람이나 헬라어를 하는 사람에게만 주어진 것은 아니다. 그러므로 때가 되고 필요한 환경이 될 때에 필연적으로 다른 언어로 번역되어야 했다. 기원전 3-4세기에 이르러 특히 팔레스타인 이외의 지방에서는 히브리 말을 이해하는 사람이 별로 없었다. 기원전 280년경 이집트의 알렉산드리아에 있던 헬라어를 하는 유대인들과 이방인들을 위해서 구약의 오경이 먼저 헬라어로 번역되었고 뒤이어 나머지 부분들도 번역되었다. 그것을 『칠십인역』이라고 부른다. 이는 70명이 70일 동안 번역했다는 전설에서 온 이름이라고 한다. 이 번역 성서는 히브리어 성서보다 널리 퍼지고 읽혔으며, 대개의 신약 기자들은 히브리어 원문 성서보다도 이 번역 성서를 인용하는 예가 더 많았다.

예수가 탄생하기 전 시대의 팔레스타인 주민들은 히브리어보다 아람어에 더 익숙했다. 따라서 회당에서 예배할 때 히브리어 성서를 읽은 뒤 반드시 아람어로 번역해주는 것이 통례였다. 이렇게 아람어로 번역하는 것이 구두로 전승되어 내려오다가 후대에는 그것이 고정되어 성문화하게 되었고, 마침내 『탈굼』(*Targum*)이란 책이 형성되었다. 다시 말해서 히브리어 성서의 아람어 번역 내지 해석(paraphrase)이 『탈굼』이 되었다는 말이다.

신약성서에 속하는 책들은 예외 없이 헬라어로 기록되었다. 헬라어 특히 '코이네'(Koine)라는 헬라어로 성서가 기록된 것은 우연이 아니다. 당시는 헬라 문명이 지중해 연안 일대를 좌우하던 시대였다. 정치적으로 로마제국이 세도를 부리던 때이지만 알렉산더 대왕 이래(c.330 BC부터) 누구나 헬라어를 말하며 이해할 수 있었다. 가장 통속적이고 평범한 헬라어로서 하류 사회에서까지 사용되던 말이 코이네였다. 그러므로 만민을 위한 하나님의 복음이 당시의 세계어이던 코이네 헬라어로 기록된 것은 너무나 당연한 일이었다. 그리스도의 복음이 그렇게 무서운 기세로 번져나갈 수 있었던 요인 중의 하나를 여기에서 찾을 수 있다고 본다.

그러나 외국어는 아무리 해도 외국어일 수밖에 없다. 헬라어가 세계어이기에 선교자에게 편리한 도구이기는 했지만 본토인은 아무래도 본토 말을 더 좋아하고 거기에 더 친숙하기 마련이다. 그리스도교가 팔레스타인을 넘어서 이방 사회로 나갈 때 복음의 메시지도 그들의 본토 말로 번역이 필요하게 되었다. 그래서 2세기에는 신약성서의 일부분이 수리아 말과 라틴어로 번역되었고, 3세기에는 콥틱어(Coptic)로 번역되었다. 200년경에 복음서들이 부분적으로 수리아 말로 번역된 일이 있었고 마침내 4세기에 신약성서 전체가 번역되었다. 그것을 『페시타』라고 한다. 물론 이 번역은 전술한 바와 같이 신약의 22권만을 가진 것이었으며, 6세기에 또 다른 수리아 번역이 나타나고 나서야 비로소 27권 전부를 포함하게 되었다.

이집트에서 번역된 콥틱 역은 번역된 장소와 시간에 따라서 그 종류가 여럿으로 나타난다. 그중에서도 나일 상류(Upper Egypt)에서 번역된 사히딕(Sahidic)과 하류(Lower Egypt)에서 번역된 보해릭(Boharic)이 대표적으로 중요한 번역이다.

4세기에는 고트족의 첫 감독인 울필라스(Ulfilas)에 의해서 신약성서와 대부분의 구약성서가 고트어(Gothic)로 번역되었다. 그리스도교가 4-5세기에 아르메니아와 조지아 지방에 전파되자 그곳에서도 번역이 이루어졌고, 에티오피아, 누비아(Nubia), 소그디아나(Sogdiana), 아라비아(Arabia), 불가리아(Bulgaria) 등지에서도 성서의 전부 내지 일부분이 앞다투어 번역되기에 이르렀다.

날이 갈수록 헬라 문명은 쇠퇴하였고 따라서 헬라어는 세력을 잃어갔다. 반면에 로마의 세력이 팽창하며 라틴어가 헬라어를 압도하게 되면서 성서를 라틴어로 번역하는 일이 다반사가 되어버렸다. 그래서 아우구스티누스가 말한 바와 같이 누구나 헬라어 사본을 가지게 되었고 헬라어와 라틴어를 할 줄 안다면 저마다 그것을 번역한다고 나섰던 것이다. 이러한 현상이 생기다 보니 성서 번역의 통일성이 없고, 잘못된 번역들이 수없이 생기고 퍼지면서 혼란이 빚어질 수밖에 없었다. 그러자 4세기 말에 다마수스(Damasus)라는 로마 감독이 당시의 유명한 성서학자 히에로니무스에게 부탁하여 표준적인 번역을 만들게 하였다. 이것이 라틴어 역『불가타 성서』이며, 로마가톨릭교회의 공식 성서로 정해진다.

라틴어 성서는 1,000년의 시간을 거치면서 그 내용에 많은 변화를 일으켰고, 때로는 수정되고 첨가되며 복잡한 역사를 가지게 되었다. 13세기에 파리대학교의 학자들이 성서를 쉽게, 또 표준적인 성서를 인용하는 것에 관하여 연구하고 있을 때 스테판 랑톤(Stephan Langton)이라는 사람이 이 라틴 번역에 장(章)을 구분해놓았고 많은 교정을 가하였다. 우리는 오늘날까지 그때의 장 구분을 그대로 사용하고 있다. 로마가톨릭교회는 1546년 트렌트회의에서 라틴어 성서를 거절하는 성직자는 파문하고 개인의 판단으로 왜곡해 출판하는 자는 처벌할 것을 선포하였고, 다시금 공식 라틴 번역을 만들도록 명하였다. 그것이 1592년에 완성되어 지금까지 사용되고 있다. 라틴어 성서는 그 사본이 약 8,000개나 된다고 하며, 그것들을 모두 대조하여 히에로니무스의 원『불가타 성서』를 찾아내는 작업을 지금도 계속하고 있다고 한다.

4) 초기의 인쇄본 성서

15세기 중엽 인쇄술이 발명되면서부터 사본 시대는 끝이 났다. 성서가 처음 인쇄본으로 나온 것은 1456년 독일 마인츠(Mainz)의 요하네스 구텐베르크(Johannes Gutenberg, 1397-1468)가 출판한 라틴어 역『불가타 성서』이다. 히브리어 구약성서는 1488년 이탈리아 롬바디(Lombardy)에 있는 손치노(Soncino) 출판사에서 처음으로 출판되었다. 그러나 헬라어 신약성서가 출판된 것은 16세기 초의 일이다. 즉 16세기 초에 스페인에 있는 알칼라(Alcalcalá), 곧 콤플루툼(Complutum)의 히메네스(Ximenes)라는 추기경이 굉장한『폴리글롯 성서』(여러 나라 말로 대조시킨 성서)를 만들 계획을 세웠다. 책은 총 6권으로 구약은 매 페이지에 3개의 주란을 두어 가운데에는 히브리어 원문, 한편에는 라틴어, 다른 한편에는『칠십인역』을 두기로 하였다. 그리고 신약 부분은 2개의 주란으로 구성해 헬라어와 라틴어를 대조시키고자 하였다. 그중에서 신약 부분을 담은 책이 1514년에 먼저 출판되었지만, 1520년에 구약 부분과 함께 교황의 승인을 받기 전까지 세상에 나오지 못하였다.

히메네스의『폴리글롯 성서』출판이 진행되는 동안, 스위스 바젤에 살던 프로벤(Froben)이라는 인쇄업자가 소문을 듣고 그 틈에 헬라어 신약성서를 출판하면 이익이 되겠다는 생각을 하였다. 마침 그곳을 방문 중이던 유명한 인문주의자 에라스무스의 도움을 얻어 1515년 4월에 헬라어 신약성서를 편집하게 되었다. 그러나 촉박한 시간 탓에 당시 얻을 수 있었던 헬라어 사본은 불행히도 열등한 바젤 사본 두 개였다. 그것들은 14세기 혹은 15세기에 만들어진 사본들로서 하나의 복음서 사본과 행전과 서신으로 된 또 하나의 사본이었다.

에라스무스는 한 책을 편찬할 때 2-3개의 다른 사본도 참고했지만 그 사본들 중에는 10세기 이전 것이 하나도 없었다. 그리고 요한계시록을 위해서는 12세기 사본 하나만을 사용하는데, 그마저도 마지막 장이 없어진 까닭에 요한계시록의 마지막 여섯 절은 라틴어역 『불가타 성서』에서 거꾸로 헬라어로 번역하여 삽입했다고 한다. 이러한 과정을 통해서 1516년 3월 1일 마침내 헬라어 성서가 처음으로 인쇄되어 출판되었다. 하지만 너무 서두른 데다가 후대의 열등한 사본을 자료로 했기 때문에 헬라어 신약성서의 소위 공인 원문(公認原文, Textus Receptus)의 조상이 되기에는 전혀 자격이 없다고 에라스무스 자신도 고백하였다. 사실 그는 요한계시록의 마지막 여섯 절만이 아니라 다른 부분도 『불가타 성서』를 기초로 해서 헬라어 본문을 되번역했다. 이 『에라스무스 성서』는 그 후에 여러 차례 교정판이 나오기는 했지만 결국 큰 수정 없이 19세기까지 내려오면서 모든 현대 번역 성서의 대본이 되었다.

5) 현대 비평판 성서와 한글 성서

우리가 가지고 있는 한글 성서는 어떻게 번역되었을까? 1910년에 번역, 출판된 구역(舊譯) 성서까지는 주로 영어 번역과 한문 성서를 대본으로 하였다. 가령 원어 성서를 참고했다 하더라도 그 원어 성서는 현대 비평판 성서가 아니라 공인 원문이었을 것이므로, 우리가 쓰고 있던 『셩경 개역』(1938)이나 『신약전서 새번역』(1967), 뒤이어 나온 여러 번역과는 상당히 차이가 있었다. 즉 『개역』 성서와 『새번역』 성서 등은 최근의 비평판 성서들을 대본으로 하여 번역되었기 때문이다. 우리말 구역 성서의 대본이 된『킹 제임스 역』은 1611년에 번역된 것이며, 공인 원문을 대본으로 한 것이므로 그 내용에 아무래도 많은 잘못이 있을 수밖에 없었다.

그러나 전술한 바와 같이 19세기 이래 많은 성서 사본들이 발견되고 성서원문비평학이 발달함에 따라 많은 자료를 검토하여 원문에 접근하는 데 큰 발전을 이루었다. 라흐만(Karl Lachmann)이 1831년에 출판한 헬라어 신약성서를 필두로 계속해서 많은 비평판 신약 원어 성서가 나타났다. 대표적으로 웨스트코트(Westcott)와 호트(Hort)의 공저인 1881년판 성서, 폰 조덴(Hermann von Soden, 1902-13), 수터(A. Souter, 1910), 포겔스(H. J. Vogels, 1920), 네스틀레(E. Nestle, 1898, 초판)의 것 그리고 1966년부터 나온 알란트 외 4인(Aland, Black, Metzger, Martini, Wikgren)의 공동 편집 성서가 있다. 그리고 구약성서로는 긴즈버그(C. D. Ginsburg, 1894, 1908, 1926), 키텔(R. Kittel, 1906, 1912) 등을 들 수 있다. 그러나 키텔은 제3판(1937) 이래로 많은 각주(脚註)를 붙였으며 특히 1947년에 사해 사본이 발견된 이후에 더 많은 각주와 비평을 추가하였다. 그리고 1977년에 여러 학자들의 노력으로『비블리아 헤브라이카 슈투트가르텐시아』(*Biblia Hebraica Stuttgartensia*, BHS)가 나오게 되어 오늘날까지 가장 권위 있는 구약 원문 성서로 인정받고 있다.

우리 한글 개역 성서가 구역 성서와 다르고 또『새번역』신약성서와 그 후의 번역 성서들이『개역』성서와 달라진 것은 번역 과정이나 기술이나 방법의 차이 때문이기도 하지만, 우선 그 대본들이

서로 다른 것이라고 말해야 옳다. 1938년에 나온 『개역』 성서는 특히 신약성서 웨스트코트-호트나 네스틀레판 헬라어 성서를 번역한 것이기 때문에 공인 원문을 대본으로 한 영어 성서에서 번역된 구역 한글 성서와 차이가 있을 수밖에 없다. 그리고 새롭게 번역된 성서들은 더욱더 최신 비평판 성서를 대본으로 했기 때문에 어느 것보다도 원본에 가까운 원문을 대본으로 삼은 번역이라고 보아도 좋을 것이다.

오늘날 우리는 수많은 학자들의 정성스러운 노력과 수고의 결과로 성서 원본에 거의 가까운 본문을 가지게 되었고, 또 그것을 양심적으로 그리고 최대의 성실성을 가지고 번역하려는 성서 번역자들의 손을 거쳐 오늘 이 시간대를 살아가는 사람들이 가장 이해하기 쉬운 글로 번역된 성서를 가지고 있다. 수천 년 전부터 사람들에게 말씀을 주려고 의도하고 행동하시는 하나님은 그의 충성된 종들을 통해서 오늘도 계속 모든 사람에게 그 말씀을 주기 원하신다. 그의 말씀은 생명을 주시는 것이기 때문이다. 그러므로 누구나 알아들을 수 있는 현대어와 통용 언어로 쉽게 번역되어야 한다는 것이 성서 번역의 기본 원칙이다. 이렇게 하나님의 말씀은 지금도 우리가 알아들을 수 있을 만큼 쉬운 말씀으로 우리 가운데 와 계시고 우리 손에 와 계신다.

번역하는 사람은 모두 불완전해서
완전한 것을 만들 수는 없다.
그러기에 번역은 여러 종류가 나올 수밖에 없다.
우리는 그것들을 다 함께 참고함으로써
더 나은 이해를 할 수 있다.
공인된 성서 하나만을 가지려는 생각은
옳은 생각이 아니다.

1) 해방 이전

우리나라에 그리스도교가 언제 전래되었는지 확실하지는 않으나, 임진왜란 시기에 천주교 신부 그레고리오 데 세스페데스가 일본 장군 고니시 유키나가(小西行長, 매우 신실한 천주교 신자였다고 한다.)와 함께 건너왔다고 한다면 처음으로 그리스도인이 이 땅을 밟은 일이 될 것이다. 하지만 그 사실만으로는 그리스도교가 한국에 전래된 유례라 보기 어렵다.

그리스도교가 전래된다면 직간접적으로 성서와 관련이 있을 수밖에 없다. 그러나 천주교가 우리나라에 포교되기 시작하고 상당한 교세를 가지게 될 때까지도 성서에 대한 작업은 특기할 만한 것이 없었다. 다만 1795-1800년 어간에 이가환(李家煥)과 정약종(丁若鍾) 두 사람이 천주교 성서를 번역했다고 하는데 이것이 아마도 사복음서가 아니었던가 싶다. 아무래도 천주교보다는 성서를 유일한 표준으로 삼는 개신교(개혁) 교회가 성서에 더 관심을 두고 그 사업에 주력하게 되는 것은 당연한 일이 아닐까.

우리나라에 성서가 소개된 것은 1832년 네덜란드 선교사 귀츨라프를 통해서라고 한다. 외국인으로는 처음으로 순조 임금에게 정식 청원하여 성서와 많은 선물을 진상했는데, 그의 편지들 가운데 이런 구절이 있다고 한다. "나는 조선 왕에게 성서를 봉정하는 영광을 가졌다. 그러나 그는 이를 거절하였는데 언제고 후회할 것이다. 그의 신하 중에는 성서를 받은 이들이 있다. 그들로 말미암아 하나님의 말씀이 조선에 설 자리를 얻게 되었다." 그가 홍주 고대도에 얼마간 머무르면서 주기도문을 우리말로 번역했다고 하니, 이를 한글 성서 번역의 시작으로 볼 수도 있을 것이다.

그 후 토머스(R. J. Thomas) 목사가 황해도 해안에서 한문 성서를 전파(1865)하였고 대동강을 따라 항해하다가 평양 근처에서 순교하는 순간까지 성서를 전하였다. 그러나 이때까지는 한글 성서가 없었기 때문에 한문 성서를 중국에서 가져와 전해주는 것에 불과하였다.

성서를 우리말로 번역하는 작업은 1873년 스코틀랜드 연합장로교회에서 선교사로 파송된 로스(John Ross) 목사가 만주에서 여러 조선인을 만나면서 시작되었다. 한반도 선교에 착안하게 된 로스는 조선이 극도의 쇄국정책을 펼쳤기 때문에 이 땅에 발을 디디지 못하고 계속 만주에 머물면서 성서 번역을 통한 전도를 시도하였다. 만주 심양을 근거로 전도 사업을 시작한 로스는 마침내 서상륜(徐相崙)이라는 조선인 청년을 만난다. 이때가 1875년 봄이다. 서상륜은 로스에게 우리말을 가르치며 동시에 한문 성서를 한글로 번역하는 일을 시작하였다. 그때에 서상륜 이외에 이응찬(李應贊)과 백홍준(白鴻俊)이 이 사업에 협력하였다. 1882년 말 처음으로 완성된 누가복음이 바로 『예수셩교누가복음젼서』이다.

번역을 했지만 그것을 인쇄하는 것이 문제였다. 그래서 한글 자모자(子母字)를 적어서 일본으로 보내 활자를 만들었고, 1883년에 비로소 3,000부를 출판하는 데 성공하였다. 같은 해 요한복음이 번역되어 계속해서 인쇄하고 출판하였다. 그러나 이 두 복음은 압록강을 넘지 못하였고, 만주에 거주하는 많은 정치 망명객들과 기타 거류민들에게 전파되었다.

그 후 로스는 같은 교파에서 파송된 매킨타이어(John Macintyre)와 합작하여 신약성서 전권을 번역하는 작업을 서둘렀다. 그들은 누가복음이나 요한복음의 번역이 지방 사투리로 됐다는 사실을 서울[首都] 사람들을 통해 알게 되어 새로이 번역하면서 개역 작업을 했고 1887년 마침내 전체 신약성서의 번역을 끝마쳤다. 그리고 그 책에 『예수셩교젼서』라는 이름을 붙였다.

그러던 중 일본에서는 한문으로 된 사복음서와 사도행전을 이두(吏讀)로 토를 달아 미국성서공회가 3,000부를 인쇄하였다. 이때 토를 다는 일을 맡은 사람이 관비 유학생 이수정(李樹廷)이었는데, 그는 같은 해에 마가복음을 한국어로 번역하였다. 1885년에는 언더우드(H. G. Underwood)와 아펜젤러(H. G. Appenzeller)가 한글 성서를 가지고 개신교 목사로서는 처음으로 한국에 들어왔다.

이렇게 선교사들이 한반도 땅을 밟기 전에 이미 성서가 국외에서 한국인들의 손으로 번역되었고 외국 선교사들이 그 번역된 성서를 들고 선교를 시작했다는 놀라운 역사적 사실이 있다.

1882년에 문호가 개방되어 개신교 선교사들이 자유로이 입국할 수 있게 되자 가장 먼저 입국(1884)한 선교사는 의사 알렌이었고, 그 이듬해에 언더우드와 아펜젤러가 입국하였다. 이렇게 선교를 시작한 선교사들은 성서 사업의 시급함을 느껴 1887년에 이미 한국성서위원회를 조직하였고, 1893년에는 공선성서번역위원회를 조직하였다.

초대 번역위원은 언더우드, 아펜젤러, 스크랜턴, 트롤럽(M. N. Trollope, 성공회 주교), 게일(J. S. Gale), 레이놀즈(W. D. Reynolds) 등이었다. 이렇게 번역위원회가 조직되기 전부터 성서위원들은 이미 개인적으로 번역을 하고 있었기에 1887년에는 아펜젤러 역 『마가복음』이 출판되었고, 1890년에는 언더우드 역 『누가복음』과 스크랜턴 역 『로마서』가 출판되었으며, 1892년에는 최초의 번역위원회 역 『마태복음』이 나왔다. 바로 언더우드, 아펜젤러, 스크랜턴 3인의 공역이었다. 천주교회에서는 1892년부터 1897년까지 『성경직해』(전9권)라는 책을 출판하였는데 이는 사복음서를 번역하여 주석을 붙인 것이다.

1894년에 펜윅(Fenwick)이라는 선교사가 요한복음 사역(私譯)을 출판했고, 1895년에는 위원회 역으로 사복음서와 사도행전이 번역되고 그것을 합본하여 『신약전서』라고 하였다. 1897년에는 골로새서와 베드로전·후서, 다음 해에는 요한계시록을 제외한 나머지 신약성서가 전부 번역되었다. 1900년 5월 마침내 신약전서가 완역되어 9월 9일 오후 3시 30분 서울 정동감리교회에서 축하 예배를 드렸다. 그보다 2년 전 1898년에 피터스(A. A. Pieters) 목사가 시편에서 중요한 내용을 선별하고 이를 번역해 『시편촬요』라는 이름으로 출판하였는데, 이것이 구약성서 번역의 효시이다.

1900년에 신약성서를 완역하였지만 미흡한 점이 많이 발견되어 계속 개역할 것을 결정하고 작업을 시작하였다. 하지만 성서 번역 사업이 진행되는 동안 안타까운 일이 일어났다. 레이놀즈가 주재하는 위원회가 목포에서 모이게 되어 아펜젤러와 그의 어학 선생 조한규(趙漢奎)가 인천에서 배를 타고 목포로 향하던 중 밤안개 때문에 다른 배와 충돌해 파선하면서 안타깝게 희생되고 만 것이다. 우리나라 성서 번역사의 첫 순교자들이다. 아펜젤러의 순교 이후 존스(G. H. Jones)가 번역위원으로 임명되었다.

1904년에 신약전서의 개역이 완료되었고, 1906년에는 그것을 재수정하여 결정본과 공인역으로 출판하였는데, 이를 1938년『셩경개역』이 나오기 전까지 사용하였다. 같은 해 크램(W. G. Cram)과 피터스가 번역위원으로 임명되었으나 곧 사임하였고, 한국인으로는 이승두(李承斗)와 김정삼(金鼎三)이 임명되었다.

구약성서는 1910년 4월 2일 오후 2시에 완역되어 1911년에 신약성서와 같이 『셩경젼셔』로 간행되었다. 이렇게 신구약성서 전부가 한글로 번역된 셈이다. 물론 이때까지는 영어 성서나 한문 성서를 주 대본으로 삼았고, 원어 성서를 사용했다 하더라도 현대 비평판이 아닌 것을 사용하였다.

성서 번역을 완료한 직후부터 곧바로 개역의 필요성을 느껴 1912년 개역위원회를 조직하였다.(특히 개역이 시급히 요구된 구약을 우선 작업하기로 결정하였다.) 개역이 필요했던 이유는 먼저 한국어가 변화했기 때문이고, 또 하나는 현대 비평판 원어 성서의 출현과 성서학의 급속한 발달 때문이었다. 즉 구약성서의 대본으로 쓴 원어 성서나 영어 성서가 원문비평학적으로 보아 원본 성서와는 너무 거리가 멀다고 판단되었기 때문이다.

번역위원의 수는 대폭 증가되었는데, 이미 언급된 위원에 추가로 임명된 위원으로는 케이블(E. M. Cable), 스톡스(M. B. Stokes), 엥겔(G. Engel), 어드만(W. C. Erdman), 하디(R. A. Hardie), 베어드(W. M. Baird), 클라크(W. M. Clark), 남궁혁(南宮爀), 김인준(金仁俊), 김관식(金觀植), 이원모(李源模) 등이 있다. 15명이나 되는 많은 사람이 일을 하니 자연히 그만큼 비능률적이었다. 당시에는 이동수단이 불편해 많은 인원이 같이 모이는 것도 어려웠고, 의견을 종합하는 것도 매우 어려운 일이었다. 이러한 이유로 인해 1938년『셩경 개역』이 나오기까지 무려 26년이라는 긴 세월이 걸렸다.

『셩경 개역』이 나오기 전인 1919년에 펜윅이 신약전서를 사역으로 출판하였고 1923년에 게일과 이원모가 합작하여 신구약전서 사역을 간행하였다. 그 서론에서 성서를 번역할 때 신구약 원어 성서는 물론『칠십인역』을 참고하였으며 현대 역본으로는『킹 제임스 역』, 1881년『영어 개역 성서』,『모펫 역』,『루터의 독일어 역』등을 참고했음을 밝히고 있다.

1937년에 드디어 성서의 개역이 완성되었는데 평양, 서울, 지리산 등 여러 지역으로 장소를 옮겨가며 어려운 작업을 끝마쳤다. 그 동안 윈(S. D. Winn), 커닝햄(F. W. Cunningham), 로스(C. Ross), 크레인(J. C. Crane), 밀러(Miller) 등이 번역위원으로 보강되었다.

1938년에 출간된 『성경 개역』은 일제 말기를 지나고 8·15 해방을 거치는 시기에 한국교회의 공인 성서로 사용되었다. 이후 「한글 맞춤법 통일안」에 따라 표기법을 수정하고 일부 번역을 다듬어 출판한 『성경전서 개역한글판』(1952, 1961), 그리고 이를 다시 개정한 『성경전서 개역개정판』(1998)으로 우리말 성서 번역본의 계보가 이어지고 있다.

2) 해방 이후

해방을 맞은 한국교회는 여러 문제를 안게 되었다. 해방 전에는 일본의 탄압 아래에서 공동의 적과 싸우면서 모든 교회가 한 마음으로 뭉쳐 작업할 수 있었다. 그러나 해방이 된 뒤에는 자유라는 이름 아래 저마다 제 길을 가면서 혼란의 시기를 겪게 되었다. 무엇을 어떻게 해야 하는지 알 수 없는 상태에서 이들에겐 자아 확립을 위한 시간이 필요했을 것이다. 다시 안정을 되찾기까지는 상당한 시간이 걸렸다.

해방된 지 3-4년이 지난 다음부터 외국으로 유학을 떠나는 학생이 많아지고 그동안 막혀 있던 외국의 문물이 국내로 쏟아져 들어오게 되자 한국의 언어와 사고와 풍습은 급속도로 변화하였다. 외국에서 유학한 학생들이 귀국하기 시작한 1950년대에 접어들면서부터는 완연히 모든 면에서 새로운 바람이 불게 되었다.

해방 직후부터 신학교에서 성서를 가르치는 교수들은 성서의 사역을 시도하고 있었다. 그중에 문서로 처음 발표된 사역은 1957년 8월「기독교계」라는 잡지 창간호에 실린 필자의 에베소서 사역이라고 생각된다. 이후 빌립보서와 골로새서 사역까지 출간한 기억이 있다. 제4호에는 김정준의 시편 사역이 몇 편 실렸다.

그보다 몇 달 앞서 같은 해 5월부터 서울에 사는 중견 학자들로 구성된 '복음동지회' 회원 몇 명이 성서 번역의 필요성을 느끼고 마태복음 번역에 착수하였다. 번역위원은 박대선, 김정준, 이여진, 전경연, 문익환, 김철손, 김용옥, 장하구, 지동식, 윤성범, 김찬국, 박창환 등이었고 배후에서 유관우, 전택부가 여러모로 후원을 하였다. 사업의 능률을 올리기 위해서 후반기에는 위원회를 축소하였고 문익환, 김철손, 장하구, 박창환 4명이 1960년 여름까지 한 차례의 독회를 마쳤다. 같은 해 9월부터 김철손과 박창환이 성서공회 번역 사업에 합류하게 되면서 복음동지회는 문익환, 김용옥, 장하구 등에게 나머지 사역을 부탁하였다. 마태복음 한 권을 번역하기 위해서 무려 116회의 회합을 가진 후 마침내 1961년 1월 25일 세상에 내어놓게 되었다. 오로지 한국 학자들만이 모여 공동의 노력으로 번역한 첫 사례이므로 매우 획기적인 사건이라고 할 수 있다.

번역 사업이 진행된다는 소문이 퍼지자 대한성서공회에서는 선두를 빼앗겼다고 생각했을 수도 있지만, 그럼에도 성서공회에서 그 사업을 본격적으로 맡아야 한다고 판단하였고 여러 차례 국내 학자들과 선교사들의 모임을 거쳐 본격적인 사업을 시작하게 되었다. 이러한 준비 작업을 거친 후 성서공회는 번역자들을 교섭하기 시작하였다. 우선 신약성서를 먼저 번역하기로 결정하고 전체 초역을 필자에게 제안하였기에 받아들였다. 그 밖의 번역위원으로는 전경연, 김철손, 이상호, 박상증을 선정하였다.

이렇게 성서 번역 사업이 진행되는 동안 팀(TEAM)선교회에서는 청년 찬송가를 편집 판매하여 좋은 성과를 거두게 된다. 그 일을 계기로 신약성서를 현대어로 번역하면 또 하나의 좋은 사업이 되리라고 생각한 팀선교회는 필자에게 그 번역 책임을 맡아달라고 부탁하였다. 그러나 이미 성서공회의 번역 책임을 맡기로 한 터라 그 제안을 거절하고, 1960년 9월부터 새로운 번역 사업에 착수하였다.

번역을 새롭게 내야 할 필요성은 우선 새로운 세대가 낡은 번역을 읽어서 이해하지 못한다는 데 있었다. 그래서 적어도 중학생 이상이라면 누구나 읽고 쉽게 이해할 수 있는 번역을 시도하였다. 그리고 최신 비평판 헬라어 성서들을 대본으로 두고 모든 현대어 번역들을 참고하여 번역을 진행하였다. 번역위원들의 작업만도 만 4년 반이 걸렸고 그 밖에 원문대조위원, 문장위원들의 막대한 노고를 거쳐 마침내 1967년 12월 15일에 『신약전서 새번역』이 출판되었다. 한글 고문으로 한갑수 선생이 얼마 동안 수고하였고 문장위원으로는 전영택, 안신영, 임한영, 박영준, 석용원, 김재준이, 원문대조위원으로는 지원용, 윤성범, 곽안전이 수고하였다. 그리고 처음부터 끝까지 서기로서 정용섭이 함께 수고하였다.

이러한 작업은 한국에서 처음 있는 일이었기에 순조롭지 않았고, 여러 가지 곤란도 겪었다. 많은 교회의 공동 사용을 위해서 이루어지는 일이기 때문에 모든 사람이 만족하기란 쉬운 일이 아니었다.

아니 불가능한 일이었다. 따라서 번역위원들의 시안이 그대로 통과되지 않은 점이 많았고 누구에게나 다 만족할 만한 결과로 나타날 수 없었다는 것이 숨김없는 사실이다. 어쨌든 이 번역이 나옴으로써 한국 성서 번역사에 하나의 전환점을 이루었고, 완벽하지는 않지만 어린이들까지도 읽기만 하면 쉽게 이해할 수 있는 성서를 가지게 되었다는 점에서 한국교회의 커다란 성과이다.

성서가 존재하는 목적은 인간이면 남녀노소, 지식 여하를 막론하고 다 읽을 수 있고 이해할 수 있어서 하나님의 말씀을 들으며 생명을 얻게 하려는 데 있다. 만약 성서가 이해하기 어려운 글로 되어 있어서 무식한 사람은 하나님의 말씀을 알 수 없다면 성서 본연의 목적을 잃게 되는 것이다. 물론 성서는 하나님의 말씀이기 때문에 저속하거나 상스러워서는 안 될 것이다. 그러나 쉬운 말이 다 저속하거나 상스러운 것은 아니다. 어디까지나 고상하면서도 이해하기 쉽고 아름다운 말로써 표현해보려고 한 것이 『신약전서 새번역』의 특징이며, 문장위원들이 특별히 유의한 점이었다고 본다.

또 한 가지 특징은 번역의 원칙이 이전과는 달라졌다는 점이다. 과거에는 성서 번역이라면 최선을 다해서 직역을 해야 하는 줄 알았고 그것이 충실한 번역이라고 생각하였다. 지금도 그렇게 생각하는 사람이 많다. 특히 성서는 일점일획이라도 변해서는 안 된다는 기초적인 신앙 때문이다. 그러나 근래에 와서 번역 전문가들의 의견이 전과 달라진 것을 볼 수 있다. 간단히 말해서 "직역은 참 번역이 아니다."라는 명제를 내세운다. 한국어의 언어 구조와 헬라어의 구조가 전혀 다르고 사고방식도 다른데, 헬라어 원문을 자구적으로 옮겨놓는다고 해서 우리말이 될 리가 없고, 비슷하게 된다고 하더라도 절대로 우리말다운 표현은 되지 못하는 법이다. 그러므로 결국은 의역을 해야 한다는 결론에 도달한다. 이번 『새번역』에서 많은 부분을 의역하였는데 거기에는 이와 같이 합당한 이유가 있었다는 것을 이해해야 한다.

『신약전서 새번역』이 나오기 전인 1965년 연세대학교 창립 80주년 기념 논문집에 고병려(高秉呂)의 로마서 사역이 게재되었고, 그보다 앞서 천주교회에서는 1919년 6월 10일 한기근(바오로) 신부가 사복음서를 번역하여 『사사성경』(四史聖經)을 출판하였다. 이는 1970년대까지 천주교회에서 사용되었다. 천주교회에서는 그때까지 구약성서를 완역해서 출판한 일이 없었으며 한국천주교중앙협의회 간행으로 10여 권 정도만 각각 번역 출판되었다. 천주교회에서 번역위원회가 구성되어 신약성서를 번역하던 중, 그 위원의 한 사람이던 김창수(金昌洙)가 위원회에서 이탈하여 독자적으로 신약성서 전권을 사역으로 출판하였다. 그때가 1968년 1월 30일이고 복음 편과 서간 편, 두 권으로 나누어 많은 각주를 붙여 내놓았다. 그 번역은 헬라어 원문을 대본으로 한 번역은 아니다.

『신약전서 새번역』 출판을 끝낸 성서공회는 곧 구약성서 번역 사역을 시작하였다. 이 사업은 신·구교가 합작한다는 새롭고 의미심장한 기틀 속에서 출범하였다. 1968년 2월 15일 신·구교 성서번역 공동위원회를 구성하고, 4월 1일부터 4일까지 다시 모여 번역위원회를 조직하였다. 위원장은 김정준, 서기는 정용섭, 위원은 배제민, 문익환, 선종완(신부), 최의원(이후 사정상 사퇴하였다.)으로 구성되었다. 구약성서 번역은 과거 신약성서를 번역한 경험을 토대로 순조롭게 진행되었으며, 분량이 많은 구약은 여럿이 초역을 분담하기로 하였다.

성서공회는 구약 공동번역 사역을 시작하면서, 이미 완료된『신약전서 새번역』은 개신교를 위한 것이므로 구약 공동번역 역시 공동위원회를 조직하여 신·구교가 공동으로 쓰기에 적당한 것을 만들자고 생각하였다. 그리하여 천주교에서는 백민관, 허창덕, 김창렬 신부가 나오고, 개신교에서는 성공회의 김진만 교수(영문학), 감리교의 이근섭 교수(영문학), 그리고 필자와 성서공회 직원 정용섭 목사(기록 담당)가 위원으로 선정되었다. 작업은 1989년 1월 2일부터 시작되었다. 이미『신약전서 새번역』이 있었기 때문에 그것을 토대로 약 2년 동안 작업한 끝에 신약 공동번역을 완료하여 1971년 봄에 출간하였다. 약 3년간 여론을 수렴하면서 문장을 다듬어가다 보니 원뜻에서 멀어진 것들이 많아졌고, 1974년부터 2년간 필자에게 맡겨 다시 원문의 뜻에 맞도록 수정하는 작업을 진행하였다. 그리하여 마침내 구약 부분과 함께 1977년에 신구약 합본으로 출간하게 되었다.

구약성서 번역의 원칙은 키텔의『비블리아 헤브라이카』(*Biblia Hebraica*)라는 히브리어 성서를 대본으로 한다는 것과, 한국교회의 강단에서도 쓸 수 있는 번역을 만들되 한국인의 70% 이상을 차지하는 청년들을 대상으로 하는 번역을 만들 것이며, 신약 번역에서처럼 자구적인 직역이 아니라 의역을 한다는 것이다. 총 기간은 5년 정도를 예상하고 추진하였다. 구약 번역 작업을 진행하던 중 번역위원이 선종완, 문익환, 곽노순 세 사람으로 축소되었고, 이후 사역은 빠르게 진척되었다. 번역이 다 끝나기 전에 선종완 신부가 작고하고, 문익환 목사가 옥고를 치르는 등 우여곡절이 많았지만, 1977년 마침내 번역이 완료되어 빛을 보게 되었다.

신·구교가 공동으로 성서를 번역 출판했다는 것은 여러 가지로 의미가 깊다. 세계 성서 번역 역사상 공동번역을 낸 것은 한국이 처음이다. 한국 천주교는 그때까지 성경전서를 번역한 일이 없었고 그만큼 성서를 기초로 하는 신앙이 아니었는데, 공동번역이 나옴으로 인해서 천주교회에 활력소를 준 셈이다. 최근에 한국 천주교회가 급속도로 성장하게 된 요인 중의 하나가 바로 『공동번역 성서』의 출간이라고 생각된다. 『공동번역 성서』에는 외경이 포함되어 있다는 점이 또한 획기적이다. 물론 『에스드라1서』, 『에스드라2서』와 『므낫세의 기도』라는 책이 번역되지 않은 점은 매우 유감스러운 일이지만, 나머지 일곱 권만이라도 번역되어 뜻있는 사람들이 쉽게 접근할 수 있게 된 것은 다행이라고 생각한다.

공동번역이 완료되자 천주교회에서는 대대적으로 환영하고 채택했지만, 개신교회에서는 고유명사가 많이 달라졌다든가, 특히 '하나님'이 '하느님'으로 바뀌었다든가, 과격한 표현이 있다든가, 과도한 의역이라는 등의 이유로 그것을 수락하는 교단이 하나도 없었다. 자연히 신약 새번역에 걸맞는 구약 새번역을 만들어야 한다는 여론이 생겼다. 그래서 성서공회에서는 1980년부터 구약 새번역 준비 작업에 착수하였다.

그러나 『신약전서 새번역』이 나온 지도 벌써 20년이나 되었기 때문에 이 또한 다시 번역하기로 결정하였다. 번역자들을 선정하고 훈련하는 등 충분한 준비 끝에, 16명이나 되는 유수한 학자들을 동원해 번역을 시작하였다. 민영진의 지휘 아래 번역은 잘 진행되었고, 1993년『성경전서 표준새번역』이라는 이름으로 출판되었다. 구약성서는『비블리아 헤브라이카 슈투트가르텐시아』(1967/77)를 대본으로 했고, 신약성서는 네스틀레-알란트 26, 27판과 세계성서공회연합회(USB)에서 출판한『헬라어 신약성서』(*Greek New Testament*) 4판을 대본으로 하여 번역했다. 한국 최고의 학자들을 거의 총망라하여 이룬 금자탑이라고 생각한다. 물론 그 어떤 번역도 만점을 받지는 못하는 법이다. 다음 세대가 더 좋은 번역을 이루어가야 한다.

『표준새번역』이 나오기 전에 다른 여러 번역이 나왔는데, 그 이름들만 몇 가지 소개한다.『젊은이여 참 삶을』(로마서, 1970),『현대인의 성경』(1985),『어린이 성경』(1962),『시각 장애자를 위한 점자 성경』(1957) 등이 있다.

성서는 누구에게나 필요한 생명의 말씀이기 때문에, 그리고 귀중한 보배와 같은 말씀이기 때문에 모든 사람이 알 수 있게 번역되는 동시에 정확하고 성실하게 번역되어야 한다. 그런데 번역하는 사람은 모두 불완전해서 완전한 것을 만들 수는 없다. 그러기에 번역은 여러 종류가 나올 수밖에 없다. 우리는 그것들을 다 함께 참고함으로써 더 나은 이해를 할 수 있다. 공인된 성서 하나만을 가지려는 생각은 옳은 생각이 아니다.

그뿐 아니라 우리는 시대에 따라 달라지는 문화를 가지고 살아간다. 과거의 말이 오늘의 말과 다르고 장래의 말이 오늘의 말과 달라질 것이다. 그러므로 부득이 성서는 시대와 독자층에 따라서 번역을 달리할 수밖에 없다. 그러므로 몇 년 후에는 또 다른 번역이 나올 것이고 또 나와야만 한다. 지금도 청년을 위한 번역, 소년을 위한 번역, 대학생을 위한 번역이 각각 다르게 나올 수 있다면 유익할 것이다. 하나님은 그 모두에게 말씀하기를 원하시기 때문이다.

성서가 정경으로 채택되기까지는 파란곡절이 많았고 오랜 시간이 필요하였다. 이렇게 성서가 형성된 과정을 살펴보고 나니 우선 우리가 이전에 가졌던 성서에 대한 개념이 어딘가 잘못된 부분이 있었다는 느낌이다. 사실과는 다르게 성서에 이상한 이미지를 붙여서 생각했다는 말이다. 악의(惡意)에서 비롯된 것이 아니지만 과도한 선의와 존경심 때문에 성서의 모습이 우스꽝스러운 것이 되어버리지는 않았나 생각하게 된다. 구체적으로 말해서 과거의 한국교회는 성서의 신적(神的)인 면만을 강조하면서 인간적인 요소는 거의 무시하였기 때문에 성서를 신성하기만 한 책으로 여겼던 것이다.

물론 성서는 신성한 것이 사실이다. 그러나 동시에 어디까지나 인간적인 책이다. 역사 속에서 어떤 사람들이, 어떤 시기에, 어떤 곳에서, 어떤 목적을 가지고 기록한 책이다. 그러면서도 그것은 하나님의 말씀이라는 점에서 성서로서의 특별성을 가진다. 말씀이 육신이 되어 우리 가운데 거하시는 불가사의를 예수의 사건에서만 찾는 것이 아니라, 하나님의 말씀이 사람의 글로써 표현된 사건 곧 성서에서도 찾을 수 있는 것이다. 오랜 세월에 걸쳐 여러 사람이 그 시대의 언어와 사상과 풍습과 우주관을 가지고 기록했고, 따라서 비과학적인 사실과 표현이 많은 인간의 책이지만, 하나님은 틀림없이 그 책을 당신의 말씀으로 사용하셔서 오늘날까지 우리 인간에게 말씀하시니 참으로 기이한 일이다.

성서는 이렇게 사람의 말로 기록된 하나님의 말씀이기에 그것은 우리의 신앙을 통해서만 이해될 수 있는 책인 동시에 반드시 역사적인 연구를 통해서만 이해될 수 있는 책이다. 사람에게 반드시 주셔야만 하는 말씀이라고 해서 갑자기 하늘에서 떨어뜨려 주신 것이 아니고, 사람이 알 수 있는 역사적 방법으로 그리고 사람들이 오랫동안 음미하고 시험하고 사용해보도록 한 끝에 마침내 정경으로 삼게 만드신 것이다.

이제 우리는 감격스럽고 감사한 마음으로 그 말씀에 귀를 기울이며 하나님의 교훈과 그분의 뜻을 받들 따름이다.

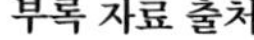

부록 자료 출처

Wikimedia Commons, (재)대한성서공회 제공(한글 역본)

성서 사본과 번역본

사해 사본/두루마리(Dead Sea Scrolls)

1946년경부터 1956년까지 이스라엘 사해 서북 연안의 쿰란(Qumran) 동굴에서 발견된 히브리어 구약성서 사본들. 11개의 동굴에서 발견되었다.

쿰란 제11동굴 성전 두루마리(11Q19)의 일부. 이스라엘 국립박물관

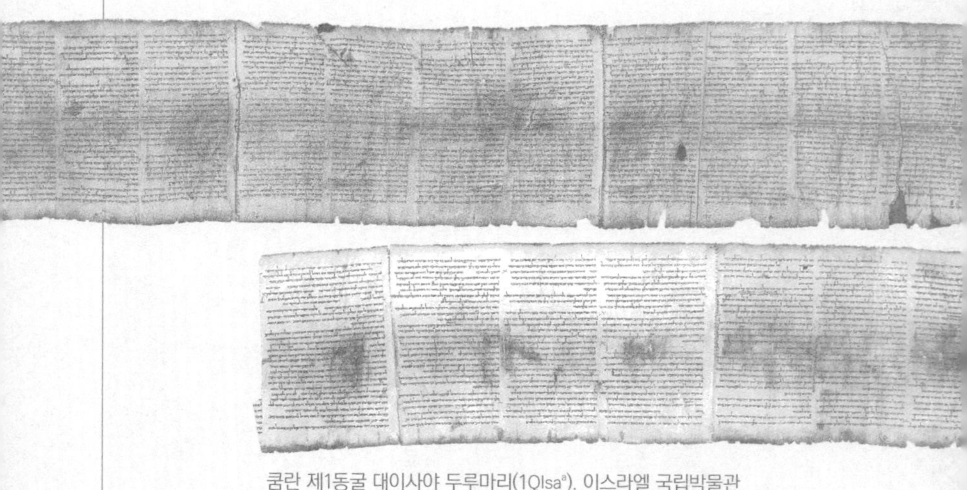

쿰란 제1동굴 대이사야 두루마리(1QIsa[a]). 이스라엘 국립박물관

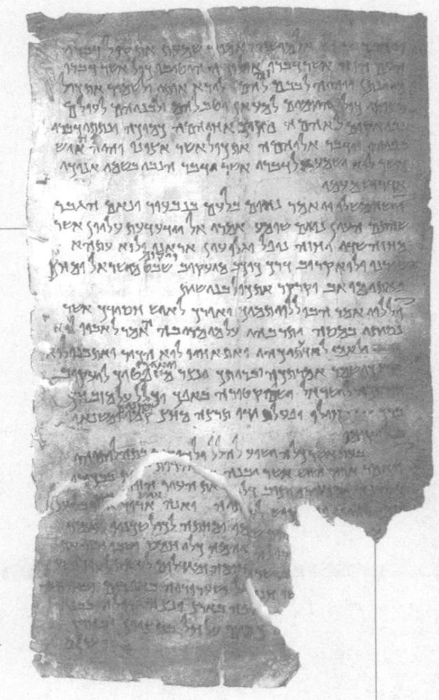

쿰란 제4동굴 두루마리(4Q175, 테스티모니아).
요르단 국립박물관

시내 사본(Codex Sinaiticus)

1844년 독일의 학자 콘스탄틴 폰 티셴도르프(Konstantin von Tischendorf, 1815-74)가 이집트 시나이반도 성 카타리나 수도원에서 발견한 세계에서 가장 오래된 헬라어 사본. 구약(『칠십인역』) 일부와 신약성서 전체가 기록되어 있다.

4세기, 영국 국립박물관

워싱턴 사본(Codex Washingtonianus/Freerianus)

1906년 미국의 사업가 찰스 랭 프리어(C. L. Freer, 1854-1919)가 이집트 카이로의 고물상에게 구입한 헬라어 사복음서 사본. 마태-요한-누가-마가의 순으로 편집되어 있다.

사복음서(워싱턴 사본 III). 양피지에 먹, 4세기 말-5세기 초, 미국 프리어미술관

누가와 마가가 그려진 워싱턴 사본의 표지 그림. 나무 패널에 납화, 7세기, 미국 프리어미술관

로버츠 파피루스(Rylands Library Papyrus P52)

1935년 영국의 고문서학자 콜린 로버츠(C. H. Roberts, 1909-90)가 발견한 현존하는 가장 오래된 신약성서 사본. 가로 8.9cm, 세로 6.4cm의 아주 작은 코덱스 파편이다.

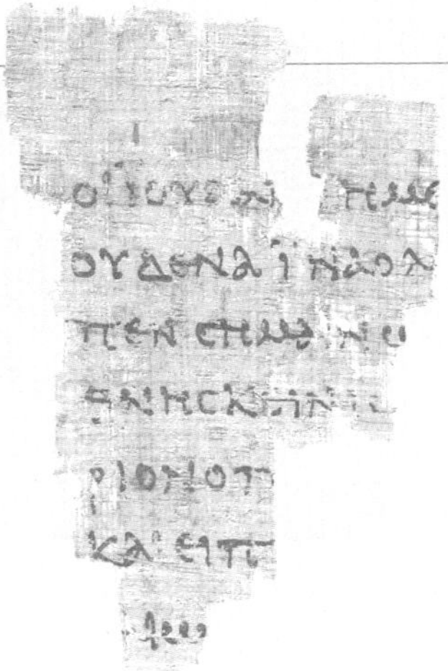

(앞면) 요한복음 18:31-33 일부.
125년경, 영국 존라이랜즈 도서관

ΟΙ ΙΟΥΔΑΙΟΙ **ΗΜΕ**ΙΝ ΟΥΚ ΕΞΕΣΤΙΝ ΑΠΟΚΤΕΙΝΑΙ
ΟΥΔΕΝΑ ΙΝΑ Ο ΛΟΓΟΣ ΤΟΥ ΙΗΣΟΥ ΠΛΗΡΩΘΗ ΟΝ ΕΙ-
ΠΕΝ ΣΗΜΑΙΝΩΝ ΠΟΙΩ ΘΑΝΑΤΩ ΗΜ ΕΛΛΕΝ ΑΠΟ-
ΘΝΗΣΚΕΙΝ ΙΣΗΛΘΕΝ ΟΥΝ ΠΑΛΙΝ ΕΙΣ ΤΟ ΠΡΑΙΤΩ-
ΡΙΟΝ Ο ΠΙΛΑΤΟΣ ΚΑΙ ΕΦΩΝΗΣΕΝ ΤΟΝ ΙΗΣΟΥΝ
ΚΑΙ ΕΙΠΕΝ ΑΥΤΩ ΣΥ ΕΙ Ο ΒΑΣΙΛΕΥΣ ΤΩΝ ΙΟΥ-
ΔΑΙΩΝ

…유대인들이 이르되 우리에게는 사람을 죽이는 권한이 없나이다 하니 이는 예수께서 자기가 어떠한 죽음으로 죽을 것을 가리켜 하신 말씀을 응하게 하려 함이러라 이에 빌라도가 다시 관정에 들어가 예수를 불러 이르되 네가 유대인의 왕이냐

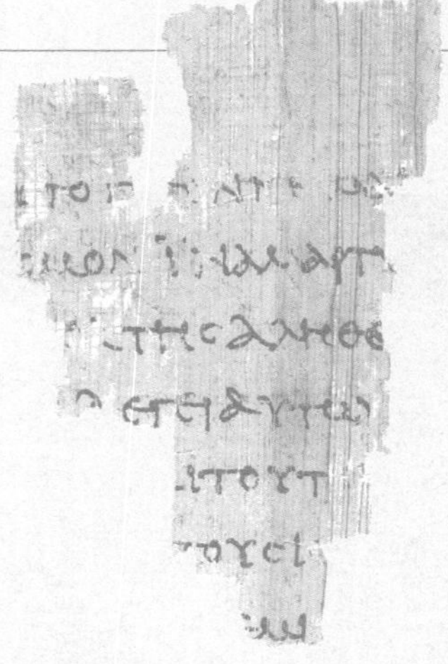

(뒷면) 요한복음 18:37-38 일부.
125년경, 영국 존라이랜즈 도서관

ΒΑΣΙΛΕΥΣ ΕΙΜΙ ΕΓΩ ΕΙΣ ΤΟ**ΥΤΟ ΓΕΓΕΝΝΗΜΑΙ**
ΚΑΙ (ΕΙΣ ΤΟΥΤΟ) ΕΛΗΛΥΘΑ ΕΙΣ ΤΟΝ ΚΟ**ΣΜΟΝ ΙΝΑ ΜΑΡΤΥ**-
ΡΗΣΩ ΤΗ ΑΛΗΘΕΙΑ ΠΑΣ Ο ΩΝ **ΕΚ ΤΗΣ ΑΛΗΘΕ**Ι-
ΑΣ ΑΚΟΥΕΙ ΜΟΥ ΤΗΣ ΦΩΝΗΣ **ΛΕΓΕΙ ΑΥΤΩ**
Ο ΠΙΛΑΤΟΣ ΤΙ ΕΣΤΙΝ ΑΛΗΘΕΙΑ Κ**ΑΙ ΤΟΥΤΟ**
ΕΙΠΩΝ ΠΑΛΙΝ ΕΞΗΛΘΕΝ ΠΡΟΣ **ΤΟΥΣ Ι**ΟΥ-
ΔΑΙΟΥΣ ΚΑΙ ΛΕΓΕΙ ΑΥΤΟΙΣ ΕΓΩ ΟΥΔ**ΕΜΙ**ΑΝ
ΕΥΡΙΣΚΩ ΕΝ ΑΥΤΩ ΑΙΤΙΑΝ

…내가 왕이니라 내가 이를 위하여 태어났으며 이를 위하여 세상에 왔나니 곧 진리에 대하여 증언하려 함이로라 무릇 진리에 속한 자는 내 음성을 듣느니라 하신대 빌라도가 이르되 진리가 무엇이냐 하더라 이 말을 하고 다시 유대인들에게 나가서 이르되 나는 그에게서 아무 죄도 찾지 못하였노라

체스터 비티 파피루스 Ⅰ, Ⅱ, Ⅲ(P45, P46, P47)

1930년경 영국의 골동품 수집가 체스터 비티(A. Chester Beatty, 1875-1968)가 수집한 헬라어 성서 사본

누가복음 11:50-12:12, 13:6-24가 수록된 제13, 14권 앞면 일부(P45).
3세기경, 아일랜드 체스터 비티 도서관

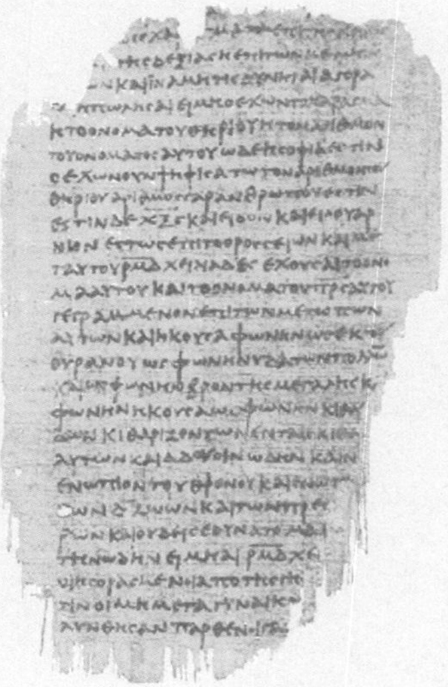

요한계시록 9:10-17:2 일부(P47).
3세기경, 아일랜드 체스터 비티 도서관

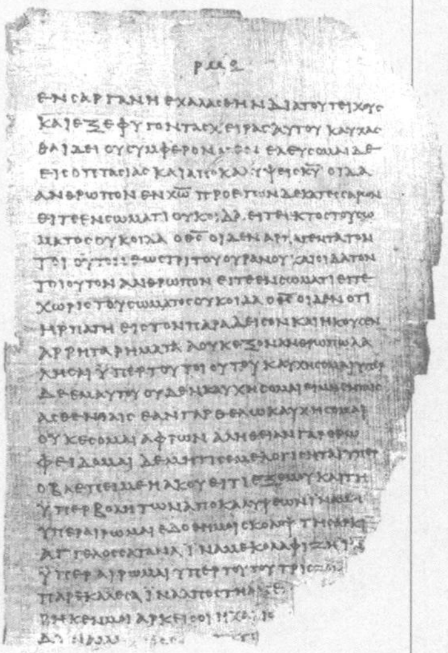

고린도후서 11:33-12:9 일부(P46).
3세기경, 아일랜드 체스터 비티 도서관

보드머 파피루스 Ⅱ(P66)

스위스의 고서 수집가 마르틴 보드머(Martin Bodmer, 1899-1971)가 수집하여 1956년에 발표한 헬라어 신약성서 사본. 21장을 포함한 거의 모든 요한복음 본문이 담겨 있다.

요한복음 1:1-13과 14의 시작 부분을 보여주는 첫 페이지. 3세기경, 스위스 제네바대학교 보드머 재단

요한복음 7:52의 단어 중간에서 시작되는 페이지. 3세기경, 스위스 제네바대학교 보드머 재단

페시타(Peshitta)

고대 시리아어 성서 번역본. '페시타'는 단순하다는 의미이다. 2세기경에 히브리어 구약성서를 번역하고, 이후 5세기 초에 헬라어 신약성서를 번역한 것으로 추정된다.

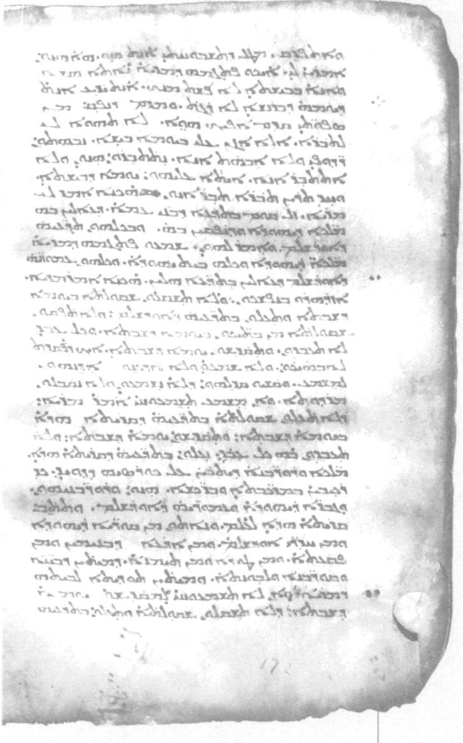

양피지 필사본, 9세기경,
이스라엘 국립도서관

레닌그라드 사본(Codex Leningrad, P66)

현존하는 가장 오래되고 완전한 형태의 히브리어 성서 사본 중 하나이며 마소라 본문과 티베리아식 모음 기호(en)를 사용하였다. 알레포 사본이 조금 더 이른 사본으로 알려져 있었으나 1947년 일부가 소실되어 레닌그라드 사본이 오늘날까지 온전히 남아 있는 가장 오래된 사본이 되었다.

신명기 본문이 적혀 있는 레닌그라드 사본 표지. 러시아 국립도서관

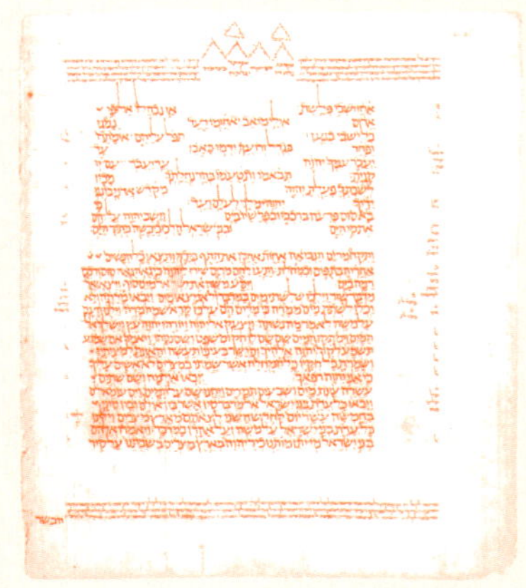

출애굽기 15:14b-16:3a. 러시아 국립도서관

위클리프 역본(Wycliffe Version)

최초의 영어 번역 성서. 중세 초기인 당시에는 사제들만 라틴어 성서를 읽을 수 있었기에 존 위클리프(John Wycliffe, c.1320-84)는 모든 사람이 읽을 수 있도록 성서를 번역하였다. 1380년 신약을 번역하였고 1382년에 구약까지 완역하였다.

순회 설교자인 롤라드를 위해 주머니에 넣을 수 있는 크기로 제작된 위클리프 역본 성서, 요한복음의 시작 부분. 14세기 후반

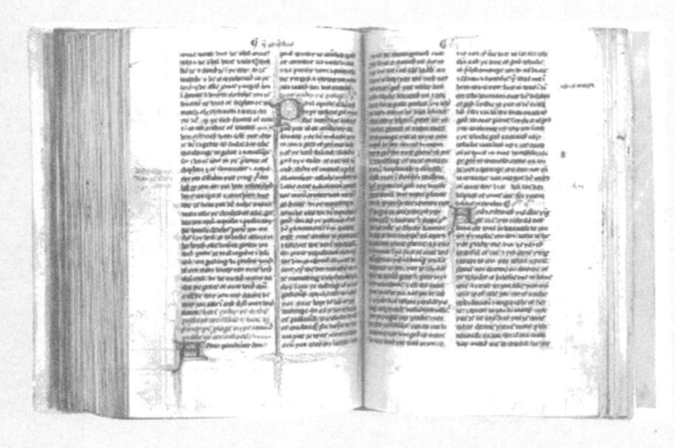

위클리프 역본의 신약 부분. 1420년경

구텐베르크 성서(Gutenberg Bible)

1450년경 요하네스 구텐베르크(Johannes Gutenberg, 1397-1468)가 독일 마인츠에서 금속활자로 인쇄한 라틴어 역『불가타 성서』. 한 페이지에 42행씩 인쇄되었기에『42행 성서』라고도 불린다. 인쇄된 최초의 성서이다.

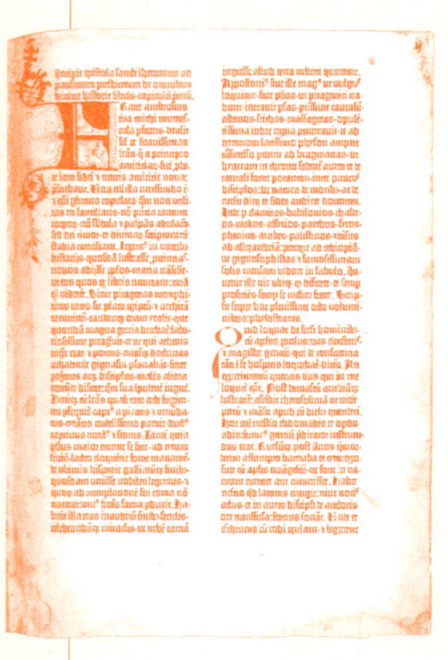

히에로니무스(제롬)가 파울리누스에게 보내는 서신이 담긴 제1권 첫 페이지(40행). 양피지, 1450년경, 미국 텍사스대학교 오스틴 캠퍼스 해리 랜섬 센터

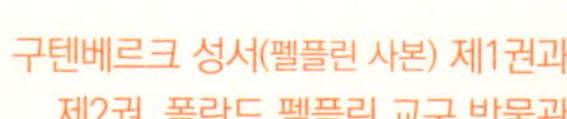

구텐베르크 성서(펠플린 사본) 제1권과 제2권. 폴란드 펠플린 교구 박물관

말레르미 성서(Malermi Bible)

라틴어에서 이탈리아어로 최초로 번역된 성서. 이탈리아 성서 학자 니콜로 말레르미(Nicolò Malermi, 1422-c.1481)가 번역하였고 베네치아에서 인쇄되었다.

베네치아판의 특징인 풍부한 삽화가 잘 드러나는 말레르미 성서 2권(1490년판). 목판, 손으로 채색, 미국 메트로폴리탄 미술관

PROVERBI

INCONMINCIA LA EPISTOLA DE SANCTO IHERONYMO A CROMATIO ET ELIODORO EPISCOPI NELLI LIBRI DE SALOMONE·

VNGA LA EPIſtola quelli che iunge il ſacerdotio, anzi non ſepari la carta, quelli che lamor de xpo liga. Hauerei ſcripto li tractati expoſitorii ſopra. Oſee. Amos. Zacarias. & Malachias iquali adimandate ſe non foſſe ſtato impedito da la infirmita li ſolazi de le ſpeſe mandate: & ſoſtentate li noſtri notarí ala guardia de libri & ſcriptori: & queſto perche el noſtro inzegno principalmente affatichi. per uoi. Et ecco da laro la frequente turba che adimanda altre diuerſe coſe: quaſi ſia iuſto chio me affatiche per uoi. Hauendo li altro biſogno: ouer ne la raſone del dato & receuuto ad alcuio altro cha uoi ſia debitore. Di che per la lõga infirmita conquaſſato: & per che ĩ queſto anno totalmente non habia taciuto: ne etiã apreſſo de uoi ſia ſtato muto. Ho conſecrato al uoſtro nome la fatica de tre giorni: che e la interpretatione de li tre uolumi de. Salomone

말레르미 성서 2권 잠언의 첫 페이지(1490년판). 목판, 손으로 채색, 미국 메트로폴리탄 미술관

틴들 역본(Tyndale Version)

윌리엄 틴들(William Tyndale, 1494-1536)의 성서 번역본. 처음으로 히브리어와 헬라어 본문을 영어로 번역한 성서이며 인쇄술의 발전으로 대량 생산된 최초의 영어 성서이다.

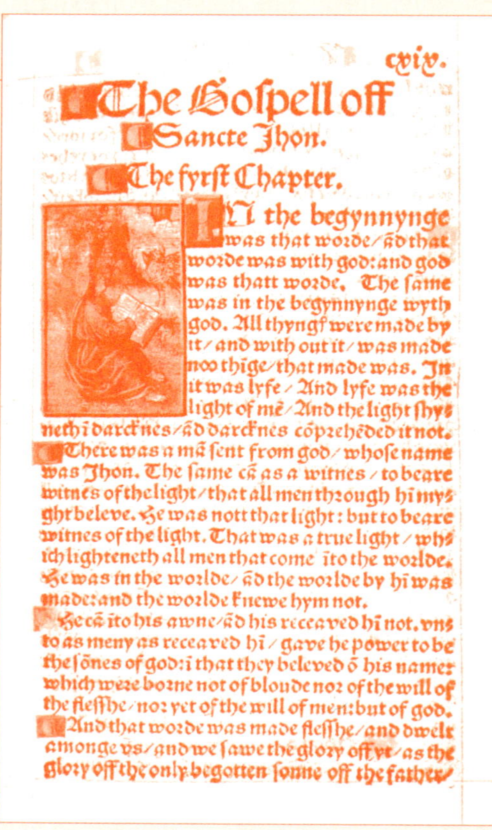

cxiv.

The Gospell off Sancte Jhon.

The fyrst Chapter.

In the begynnynge was that worde/ ãd that worde was with god: and god was thatt worde. The same was in the begynnynge wyth god. All thyngf were made by it/ and with out it/ was made noo thĩge/ that made was. In it was lyfe/ And lyfe was the light of mẽ/ And the light shyneth ĩ darcknes/ ãd darcknes cõprehẽded it not.

There was a mã sent from god/ whose name was Jhon. The same cã as a witnes/ to beare witnes of the light/ that all men through hĩ myght beleve. He was nott that light: but to beare witnes of the light. That was a true light/ which lighteneth all men that come ĩto the worlde. He was in the worlde/ ãd the worlde by hĩ was made: and the worlde knewe hym not.

He cã ĩto his awne/ ãd his receaved hĩ not. vnto as meny as receaved hĩ/ gave he power to be the sõnes of god: ĩ that they beleved õ his name: which were borne not of bloude nor of the will of the flesshe/ nor yet of the will of men: but of god.

And that worde was made flesshe/ and dwelt amonge vs/ and we sawe the glory off yt/ as the glory off the only begotten sonne off the father/

요한복음의 시작 부분. 1526년판(사본), 영국 국립도서관

커버데일 역본(Coverdale Version)

마일스 커버데일(Miles Coverdale, 1488-1596)이 틴들의 번역을 참고하고 보완해 번역한 영어 성서. 1535년 최초로 완역 인쇄된 영어 성서이다.

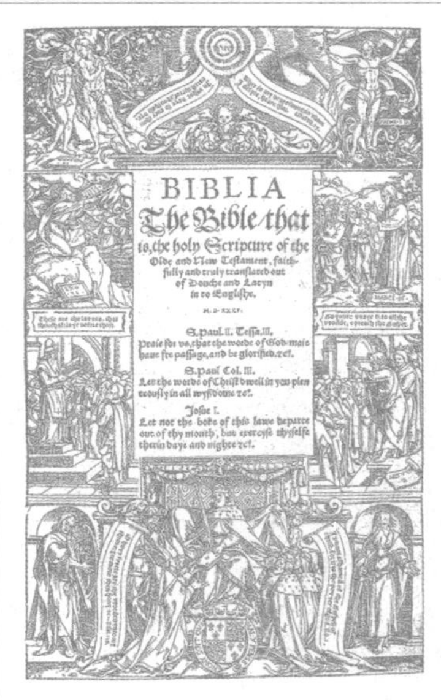

BIBLIA
The Bible that is, the holy Scripture of the Olde and New Testament, faithfully and truly translated out of Douche and Latyn in to Englishe.
M.D.XXXV.

S.Paul II. Tessa.III.
Praie for vs, that the worde of God maie haue fre passage, and be glorified.rc.

S.Paul Col. III.
Let the worde of Christ dwell in you plenteously in all wysdome rc.

Josue I.
Let not the boke of this lawe departe out of thy mouth, but exercyse thyselfe therin daye and nighte rc.

커버데일 성서의 제목 페이지.
목판화, 24×16.7cm,
영국 국립도서관

A prologe.
Myles Couerdale Unto the Christen reader.

To the reader.

"그리스도교 독자들에게 보내는 서문"
(A Prologue. Miles Coverdale unto the Christian reader.)이라는 표제가 붙은 페이지

대성서(The Great Bible)

1539년 발간되어 헨리 8세가 영국 국교회 예배에서 낭독할 수 있도록 승인한 최초의 공인 영어 성서. 높이 40cm, 두께 10cm의 큰 크기로 인해 이같은 이름이 붙여졌다.

The Byble in Englyshe, that is to saye the content of all the holy scrypture, bothe of ye olde and newe testament, truly translated after the veryte of the Hebrue and Greke textes, by ye dylygent studye of dyuerse excellent learned men, expert in the forsayde tonges.

Prynted by Rychard Grafton & Edward Whitchurch.

Cum priuilegio ad imprimendum solum.

1539.

대성서의 제목 페이지. 1539년판

제네바 성서(Geneva Bible)

킹 제임스 역본보다 51년 앞선 1560년에 발간된 영어 성서. 스위스 제네바로 망명한 영국 개신교도들에 의해 번역되었다.

메소포타미아 지역에 있는
에덴의 지도가 묘사된 제네바 성서의 창세기

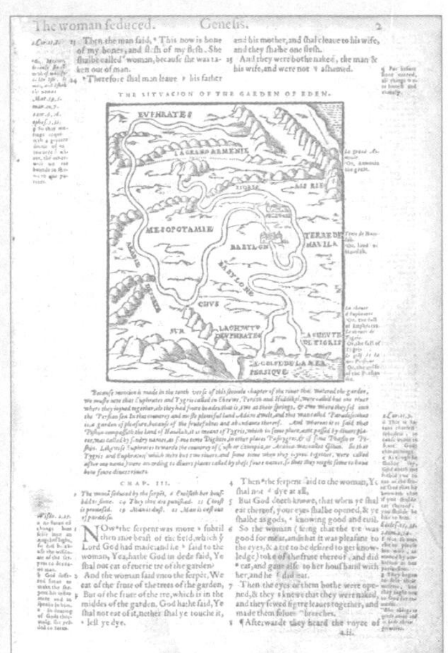

The woman seduced. Genesis. 2

23 Then the man said, *This now is bone
of my bones, and flesh of my flesh. She
shalbe called woman, because she was ta-
ken out of man.
24 *Therefore shal man leaue his father
and his mother, and shal cleaue to his wife,
and they shalbe one flesh.
25 And they were bothe naked, the man &
his wife, and were not ashamed.

THE SITVACION OF THE GARDEN OF EDEN.

CHAP. III.

The woman seduced by the serpent.

1 NOw *the serpent was more subtil
then anie beast of the field, which ye
Lord God had made: and he said to the
woman, Yea, hathe God in dede said, Ye
shal not eat of euerie tre of the garden?
2 And the woman said vnto the serpent, We
eat of the frute of the trees of the garden,
3 But of the frute of the tre, which is in the
middes of the garden, God hathe said, Ye
shal not eat of it, nether shal ye touche it,
lest ye dye.
4 Then *the serpent said to the woman, Ye
shal not dye at all,
5 But God doeth knowe, that when ye shal
eat thereof, your eyes shalbe opened, & ye
shalbe as gods, knowing good and euil.
6 So the woman (seing that the tre was
good for meat, and that it was pleasant to
the eyes, & a tre to be desired to get know-
ledge) toke of the frute thereof, and did
eat, and gaue also to her housband with
her, and he did eat.
7 Then the eyes of them bothe were ope-
ned, & they knewe that they were naked,
and they sewed figtre leaues together, and
made them selues breeches.
8 ¶Afterwarde they heard the voyce of

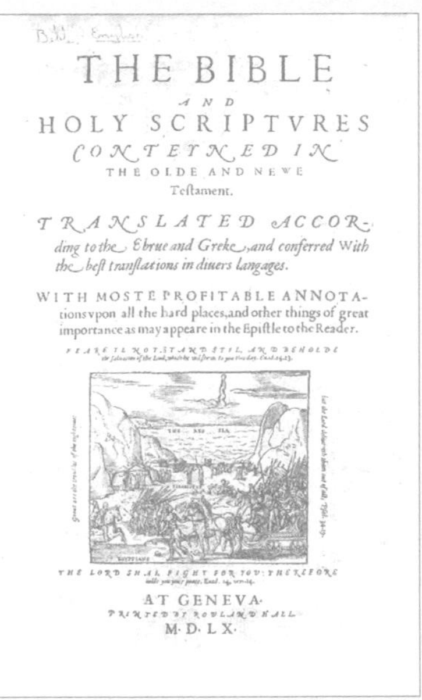

THE BIBLE
AND
HOLY SCRIPTVRES
CONTEYNED IN
THE OLDE AND NEWE
Testament.

TRANSLATED ACCORding to the Ebrue and Greke, and conferred With the best translations in diuers langages.

WITH MOSTE PROFITABLE ANNOTAtions vpon all the hard places, and other things of great importance as may appeare in the Epistle to the Reader.

FEARE YE NOT, STAND STIL, AND BEHOLDE the saluation of the Lord,

THE LORD SHAL FIGHT FOR YOU: THEREFORE holde you your peace. Exod. 14, vers. 14.

AT GENEVA.
PRINTED BY ROVLAND HALL.
M. D. LX.

킹 제임스 역본(The King James Version, KJV)

제임스 1세의 명으로 1604년에 번역을 시작하여 1611년에 끝마친 영어 번역본 성서. 오늘날까지 많은 영어권 개신교 신자들이 사용하고 있는 번역본이다.

THE
HOLY
BIBLE,
Conteyning the Old Teſtament,
AND THE NEW:
Newly Tranſlated out of the Originall
tongues: & with the former Tranſlations
diligently compared and reuiſed by his
Maiesties ſpeciall Comandement.
Appointed to be read in Churches.
Imprinted at London by Robert
Barker Printer to the Kings
moſt Excellent Maiestie.
ANNO DOM. 1611.

1611년에 영국 성공회에서 번역한
킹 제임스 역본(흠정역)의 초판 표지 삽화

한글 역본

예수셩교누가복음젼셔(1882)

최초의 한글 성서. 스코틀랜드 연합장로회 선교사 로스(J. Ross)가 만주 봉천(오늘날 중국의 선양)의 문광서원에서 간행한 것으로 동료 선교사 매킨타이어(J. Macintyre), 이응찬(李應贊), 백홍준(白鴻俊), 서상륜(徐相崙), 이성하(李成夏) 등이 번역에 참여하였다.

본문 51면, 23.3×14.1㎝

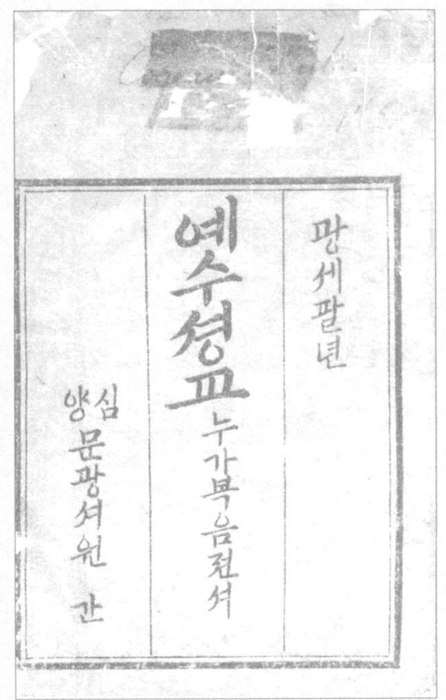
광셔팔년
예수셩교 누가복음젼셔
심양 문광셔원 간

누가뎨일쟝
뎌기열이사람이부슬들어우리가운데일운일을긔술ᄒᆞ되처음으로
븟터친이보고도를젼ᄒᆞᆫ쟈우리를준비갓티ᄒᆞ엿기로나ᄯᅩ뜻ᄒᆞ여
모든닐을자세이근원을좃차치례토씨귀인뎨오비노의존젼에양달
ᄒᆞ문귀인볼니보인빈의실젹을알게ᄒᆞ미라유대왕헤롯세롬당ᄒᆞ여
아비야자손의반녈에제사일옴은사가랴요그체는이론의후예일음
은이니사빅이니두사람이하나님의　암페서옴은쟈라쥬의　게명
파비를좃차힝ᄒᆞ여흠이업스되다못아들이업스믄이니사빅이잉티
못ᄒᆞ고두사람의나이ᄯᅩᄒᆞᆫ늘그미라마즘사가랴그반녈을의지ᄒᆞ여
제사의직분을하나님의　암페힝ᄒᆞ고제사이규례를좃차제비를어
더쥬의　뎐에들어가분향ᄒᆞ니쎄여뭇빅셩은밧게셔비터니쥬의
사쟈사가랴의게보이고향단올운편에셔거늘사가랴보고황망ᄒᆞ여
무셔워ᄒᆞ니사쟈닐너갈으되사가랴는무셔워말나너의비년거시이
두들터시니너의체이니사빅이쟝차아들을나아너를주리니일음을

신약마가젼복음셔언히(1885)

최초의 조선인 개신교 신자 이수정(李樹廷)이 번역한 마가복음. 미국성서공회에 의해 일본 요코하마에서 간행되었다. 국한문 혼용 형식이며 한자 옆에 한글로 토를 달았다. 미국 선교사 언더우드(H. G. Underwood)와 아펜젤러(H. G. Appenzeller)가 한국에 들어올 때 이 번역본을 가지고 들어왔다.

본문 87면, 21.5×15cm

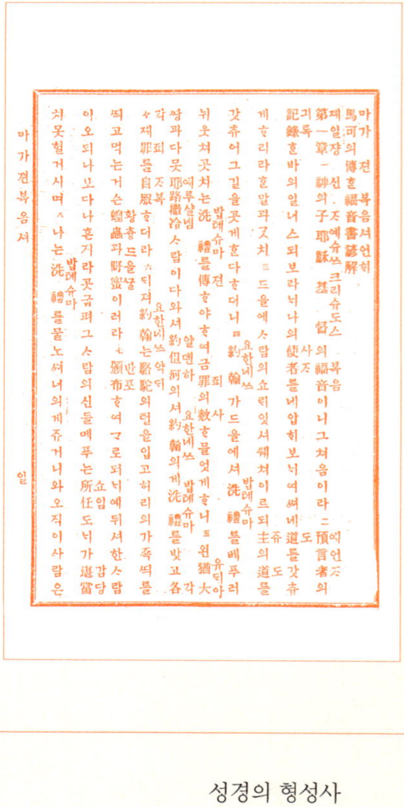

예수셩교젼셔(1887)

로스가 이끄는 성서번역팀이 번역한 것으로 신약성서 전체가 번역되어 최초로 묶인 책이다. 봉천의 문광서원에서 간행하였다.

본문 339면, 20.2×13.9㎝

예수셩일쳔팔빅팔십칠년

예수셩교젼셔

광셔 십삼년

셩경 문광셔원 활판

맛디복음뎨일쟝

답라함의자손다빗의후에예수키리쓰토의족보라암라함이이삭을낫코
이삭이야곱을낫코야곱이유다의형뎨를낫코유다가다말씨를위ᄒᆞ여바
릿파사라를낫코밧릿은이슬옴을낫코이슬옴이아람을낫코아람이아미
나답을낫코아미나답이낫손을낫코낫손이살몬을낫코살몬이라합씨를
위ᄒᆞ여보옷슬낫코보옷시룻을위ᄒᆞ여오벳을낫코오벳은옛시를낫코옛
시ᄂᆞᆫ다빗왕을낫코다빗은우라의쳐를위ᄒᆞ여솔노몬을낫코솔노몬은로
보암을낫코로보암은아비아를낫코아비아ᄂᆞᆫ아삽을낫코아삽은요사밧
을낫코요사밧은요람을낫코요람은오시아를낫코오시아ᄂᆞᆫ요아담을낫
코요아담은아핫을낫코아핫은이시캬를낫코이시캬ᄂᆞᆫ마낫세를낫코마낫
손아못을낫코아못은요시아를낫코빅셩이바부론에올무룰본셕여요시
아예호냐와그동싱을낫코빅셩이바부론에올문후에예호나살나뎔을낫
코살나뎔이소로바벨을낫코소로바벨은아비옷을낫코아비옷은일니야
김을낫코일니야김우아솔을낫코아솔은사독을낫코사독은아힘을낫코

新約全書(신약젼셔) 국한문(1906)

최초의 국한문 혼용성서로 성서번역자회에서 옮겼다. 유성준(兪星濬)이 신약젼셔(1904)를 토대로 편집하였다. 일본 요코하마에서 인쇄하였고 1908년 재판이 나왔다.

색지도 2매 포함, 본문 609면,
22×15cm

셩경젼셔(1911)

신구약이 합쳐진 우리나라 최초의 전서. 1906년 공인된 신약성서와 1910년 번역이 완성된 구약성서를 한 권으로 묶은 것으로 대영성서공회 서울 지부에서 발행하였고 일본 요코하마에서 인쇄하였다.

색지도 2매 포함, 구약 2,650면 신약 774면,
18.7×13.6cm, 두께 11cm

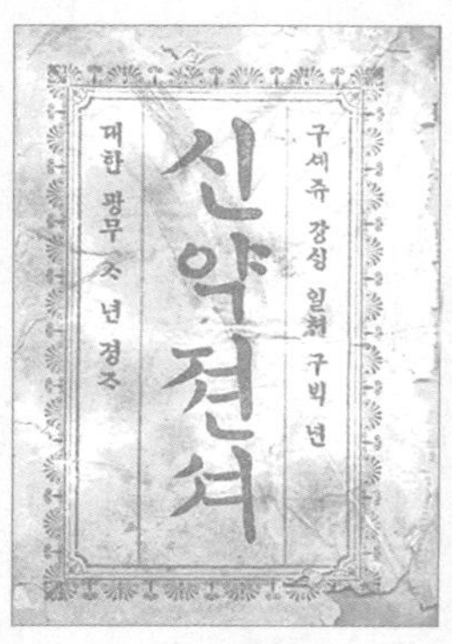

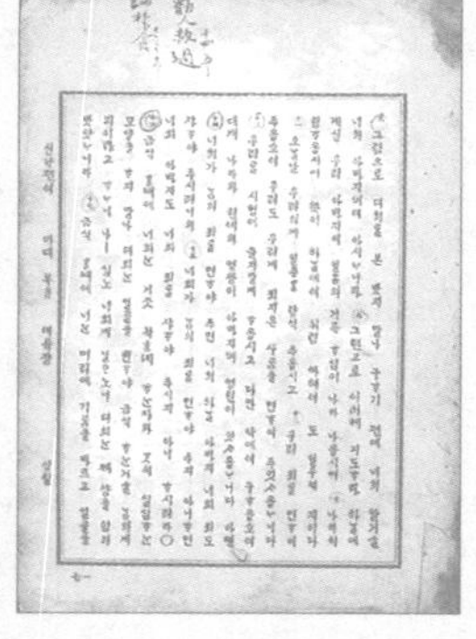

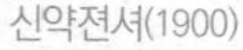
신약젼셔(1900)

구약젼셔(1901)

성경 개역(1938)

1911년 레이놀즈(W. D. Reynolds), 엥겔(G. Engel), 베어드(W. M. Baird), 케이블(E. M. Cable), 하디(R. A.Hardie), 피터스(A. A. Pieters), 김인준(金仁俊) 등 15명으로 구성된 개역위원회가 펴낸 최초의 개역 성서이다. 상하 2단으로 구성되어 있고 난외주가 표기되어 있다. 한글 고어 아래 아(·) 자가 빠지기 시작하였다.

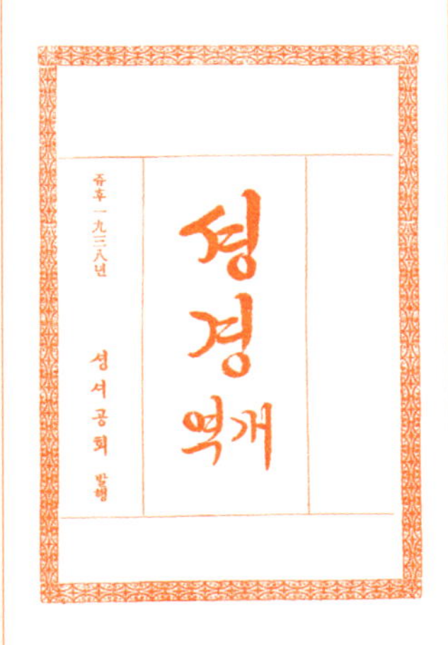

주후 一九三八년

셩경 역개

셩셔공회 발행

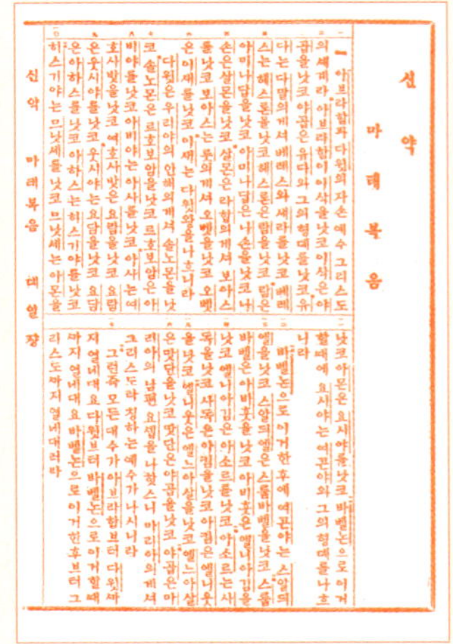

신약
마태복음

一 아브라함과 다윗의 자손 예수 그리스도의 세계라 아브라함이 이삭을 낫코 이삭은 야곱을 낫코 야곱은 유다와 그의 형뎨를 낫코 유다는 다말의게셔 베레스와 세라를 낫코 베레스는 헤스론을 낫코 헤스론은 람을 낫코 람은 아미나답을 낫코 아미나답은 나손을 낫코 나손은 살몬을 낫코 살몬은 라합의게셔 보아스를 낫코 보아스는 룻의게셔 오벳을 낫코 오벳은 이새를 낫코 이새는 다윗왕을 나흐니라

다윗은 우리아의 안해의게셔 솔노몬을 낫코 솔노몬은 르호보암을 낫코 르호보암은 아비야를 낫코 아비야는 아사를 낫코 아사는 예호사밧을 낫코 예호사밧은 요람을 낫코 요람은 웃시야를 낫코 웃시야는 요담을 낫코 요담은 아하스를 낫코 아하스는 히스기야를 낫코 히스기야는 므낫세를 낫코 므낫세는 아몬을 낫코 아몬은 요시야를 낫코 바벨논으로 이거할때에 요시야는 여고냐와 그의 형뎨를 나흐니라

바벨논으로 이거한 후에 여고냐는 스알디엘을 낫코 스알디엘은 스룹바벨을 낫코 스룹바벨은 아비훗을 낫코 아비훗은 엘니아김을 낫코 엘니아김은 아소르를 낫코 아소르는 사독을 낫코 사독은 아킴을 낫코 아킴은 엘니웃을 낫코 엘니웃은 엘느아살을 낫코 엘느아살은 맛단을 낫코 맛단은 야곱을 낫코 야곱은 마리아의 남편 요셉을 나핫스니 마리아의게셔 그리스도라 칭하는 예수가 나시니라

그런즉 모든 대수가 아브라함브터 다윗까지 열네대요 다윗브터 바벨논으로 이거할때까지 열네대요 바벨논으로 이거한 후브터 그리스도까지 열네대러라

신약 마태복음 뎨일쟝

색지도 4매 포함, 본문 1,956면, 18.5×13cm

성서번역위원(1904, 1905)

The Board of Bible Translators, about 1904
Standing – Mr. Yi Chang Chik, Mr. Kim Myung Choon, Mr. Kim Chung Sam
Seated – Dr. J. S. Gale, Dr. H. G. Underwood, Dr. W. D. Reynolds.

뒷 줄 왼쪽부터 이창직, 김명준, 김정삼
앞 줄 왼쪽부터 레이놀즈, 언더우드, 게일

뒷 줄 왼쪽부터 문경호, 김명준, 정동명
앞 줄 왼쪽부터 레이놀즈, 언더우드, 게일, 존스

故 박창환

1924년 황해도에서 출생하여 2020년 미국 오마하에서 향년 96세로 작고하였다. 이 책은 그의 유작 중 대표작으로서 1969년 초판이 출간된 이래 수많은 독자에게 교과서처럼 읽혔으며 현재 개정2판으로 새롭게 출간되었다.

그는 홍익대학 영문학과(B.A.), 장로회신학교, 미국 뉴욕성서신학교와 프린스턴신학교에서 공부하였으며 휘트워스대학교에서 명예문학박사 학위를 취득하고 프린스턴신학교 신학대학원을 졸업(Th.M.)하였다. 장로회신학대학교 교수, 장로회신학대학교 제13대 학장, 대한성서공회 성서번역관, 인도네시아 선교사, 맥코믹신학교 교수, 러시아 모스크바 장로회신학대학교 학장 등을 역임하였다. 대한민국 국민훈장 목련장을 받았다.

저서로는 『선교 70년 기념 신약성서 주석. 빌립보서 골로새서 빌레몬서』, 『성서 헬라어 사전』, 『신약성경해설』, 『신약성서 헬라어 교본』 등이 있고, 공저로는 『신약성서신학』, 『신약성서개론』, 『대한기독교서회 창립 100주년 기념 성서주석 48. 베드로전후서/유다서』 등이 있다.